Lois Mayotte

De la suppression du droit du sol ?

5-7, rue de l'École-Polytechnique, 75005 Paris

http://www.editions-harmattan.fr

ISBN : 978-2-336-47521-9
EAN : 9782336475219

Mansour Kamardine

Lois Mayotte

De la suppression du droit du sol ?

L'Harmattan

DU MÊME AUTEUR

Kamardine (Mansour) : *Promesses tenues ! Unafasi. Usawa. Msaydiano. Liberté. Parité. Solidarité,* Les Éditions du Baobab, Collection « *Écrits politiques* », Kawéni, 2005 (119 p.).

Kamardine (Mansour) : *Mayotte. Fin de la guerre de la salive,* Imprimah, Kawéni, 2006 (96 p.).

Kamardine (Mansour) : *Discours de la République pour Mayotte,* Éditions Orphie, Collection « *Essais et Documents* », Série « *Discours* », Saint Denis, La Réunion, 2007 (463 p.).

Kamardine (Mansour) : *J'assume,* Éditions Orphie, Politique, Collection « *Autour du monde* », Saint-Denis, La Réunion, 2008 (255 p. & Sommaire).

Kamardine (Rouhania) et Kamardine (Mansour) : *La départementalisation de Mayotte expliquée à la jeunesse mahoraise. L'ultime étape,* Éditions Orphie, Saint-Denis, La Réunion, 2009 (145 p.).

Kamardine (Mansour) : *L'enfant de Sada au cœur du destin de Mayotte. Entretiens avec Emmanuel Tusevo Diasamvu,* Les Éditions L'Harmattan, Paris, 2022 (190 p.).

GLOSSAIRE

« *Banga* » : Habitat traditionnel, souvent insalubre et illégal, construit en matières végétales, en tôles et en matériel de récupération.

« *Jus soli* » : « *Expression latine signifiant* "droit du sol" *(latin* solum), *par extension, droit du pays, désignant un mode de détermination de la nationalité d'un individu en raison de son lieu de naissance* »[1].

« *Jus soli* » : « *La naissance en France n'est à elle seule une cause d'attribution de la nationalité française que lorsqu'elle constitue le seul rattachement de l'enfant à un État, et permet ainsi d'éviter l'apatridie. Dans les autres cas, elle retenue que parce qu'existe un autre lien avec la France* »[2].

« *Kwassa Kwassa* » ou « *Kwassa* » : Embarcations de fortune transportant clandestinement, donc illégalement, et au péril de leur vie, des migrants comoriens, malgaches et de pays d'Afrique continentale, d'Anjouan à l'île de Mayotte.

Naturalisation : « *Acquisition d'une nationalité par un étranger qui en fait la demande.*

En France, la naturalisation est accordée par l'autorité administrative, d'une manière discrétionnaire, aux individus

---

[1] **Cornu (Gérard)**, Association Henri Capitant : *Vocabulaire juridique,* 14ème édition mise à jour, PUF, Quadrige, Paris, 2022, p. 595.

[2] **Mayer (Pierre) et Heuzé (Vincent) :** *Droit international privé,* 9ème édition, Éditions Montchrestien, Collection « *Domat – Droit privé* », Paris, 2007, p. 648.

qui l'ont sollicitée et remplissant certaines conditions » de nature juridique[1].

« *Wuambushu* » : Opération de Police et de Gendarmerie lancée à Mayotte le 24 avril 2023 en vue de « *récupérer* "les territoires perdus de la République" » sur l'île, lutter contre les immigrations clandestines, illégales, par définition et par nature, essentiellement faites par des Comoriens (mais aussi par des Malgaches et par des ressortissants de pays d'Afrique continentale), contre la violence, la criminalité, l'insécurité, et l'habitat illégal et insalubre.

[1] **Guinchard (Serge), Debard (Thierry) et autres :** *Lexique des termes juridiques* 2023-2024, Lefebvre Dalloz, Paris, 2023, pp. 712-713.

ABRÉVIATIONS
ET SIGLES OFFICIELS EMPLOYÉS

AGIRC : *Association générale des Institutions de Retraite de Cadres*

ARRCO : *Association des Régimes de Retraite complémentaire*

ANEF : *Administration numérique pour les Étrangers en France*

CCT : *Contrat de Convergence et de Transformation*

CEDH : *Cour européenne des Droits de l'Homme*

CESEDA : *Code de l'Entrée et du Séjour des Étrangers et du Droit d'Asile*

CHM : *Centre hospitalier de Mayotte*

CRA : *Centre de Rétention administrative*

DACS : *Direction des Affaires civiles et du Sceau*

GAO : *Groupe d'Appui opérationnel* [Dispositif de la Police nationale]

GIGN : *Groupe d'Intervention de la Gendarmerie nationale*

INED : *Institut national d'Études démographiques*

INSEE : *Institut national de la Statistique et des Études économiques*

IRCANTEC : *Institution de Retraite complémentaire des agents non titulaires et des Collectivités publiques*

JORF : *Journal officiel de la République française*
LR : *Les Républicains*
OFII : *Office français de l'Immigration et de l'Intégration*
OFPRA : *Office français de Protection des Réfugiés et Apatrides*
PACS : *Pacte civil de solidarité*
PAF : *Police de l'Air et des Frontières*
PUF : *Presses universitaires de France*
QPC : *Question prioritaire de constitutionnalité*
RIP : *Référendum d'initiative partagée*
RN : *Rassemblement national*
RUP : *Région ultrapériphérique (de l'Union européenne).*

REMERCIEMENTS

L'idée de rédiger le présent ouvrage est née à la suite de la proposition de Gérald Darmanin, ministre de l'Intérieur et des Outremer, faite au nom du président de la République, de supprimer le droit du sol à Mayotte. C'était le 11 février 2024. Devant l'avalanche des critiques favorables mais aussi opposées qu'il a suscitées, j'ai pris le parti de réunir toutes ces réactions pour proposer au lecteur une vue d'ensemble sur la question avant l'ouverture des débats au parlement, lesquels débats pourraient débuter au lendemain de l'examen des projets de lois constitutionnelles et ordinaires en conseil des ministres.

J'ai conscience que le texte peut demander par la suite des informations complémentaires. Ce sera le travail de la deuxième édition réaménagée et enrichie par les débats parlementaires qui précéderont l'adoption des projets de loi.

En attendant, la finalisation de l'écriture a vu le jour grâce à la mobilisation de mon épouse, Mme Kamardine Moirangué, qui a accepté de troquer son manteau de congé de longue durée contre celui de secrétariat à ses heures perdues, et parfois, jusqu'à tard dans la nuit, pour en assurer la dactylographie ; à Kamardine Rouhania, ma complice habituelle, qui a fait preuve d'une parfaite maîtrise de l'outil informatique dans la mise en page du manuscrit ; et, enfin, à Abdelaziz Riziki Mohamed, dont l'expérience dans l'écriture n'est plus à démontrer, pour la relecture du texte et le suivi des travaux de publication dans les délais qui m'étaient imposés par l'agenda législatif.

Qu'ils en soient tous ici remerciés… !

« *Il n'y a pas de culture qui ne soit celle d'une société et pas de société qui n'ait pas une culture ou une civilisation* » : **Jean-Paul Warnier**.

INTRODUCTION

Mayotte est sans doute la collectivité française la plus confrontée à plusieurs crises en tous genres que la plupart des autres collectivités de la République. Parmi celles-ci, il y a la crise migratoire et de l'insécurité, risquant de l'emporter sur le reste, si sa population n'y prend pas garde. Elle est consciente de ces menaces. C'est ce qui explique qu'elle s'est révoltée en 2018 par une crise sociale qui a duré 41 jours.

Malgré les promesses qui ont été faites, la réponse du gouvernement n'était pas à la hauteur des enjeux, de sorte que les mêmes causes sont toujours là, et produisent les mêmes effets. C'est ce qui explique qu'en janvier 2024, les Collectifs citoyens de 2018 ont décidé à nouveau de prendre l'île en otage, en fait, de se prendre en otage, en bloquant les ronds-points de l'île. Cela avait provoqué un fort sentiment d'insurrection, et ceci, pour protester contre l'envahissement migratoire venu de la sous-région, des Comores pour l'essentiel, mais également de l'Afrique des Grands Lacs, et de plus en plus en provenance de Madagascar.

Une sensation, et probablement plus qu'une sensation, une réalité de déclassement et d'expropriation de la terre de leurs ancêtres et de leur culture, a saisi les habitants, les a contraints à se défendre eux-mêmes, considérant que l'État les a oubliés, à défaut d'être délibérément complice de cette situation qui les assaille.

Pour répondre à leur détresse, Gérald Darmanin, ministre de l'Intérieur et des Outremer, et Mme Marie Guévenoux, ministre déléguée chargée des Outre-mer, se sont rendus à leur rencontre.

Très vite, Gérald Darmanin déclare: « *D'abord je suis venu rétablir la paix publique à Mayotte avec Madame la ministre déléguée. Je pense que vous avez vu que ma main n'avait pas tremblé lorsqu'il a fallu mettre en place l'opération* "Wuambushu", *qui a permis l'interpellation de 60 chefs de bandes. Et je remarque d'ailleurs qu'il y a quelques mois, l'ensemble des élus, l'ensemble de la population, applaudissaient l'État, applaudissaient les forces de l'ordre, applaudissaient la fermeté d'une opération que personne n'avait jamais faite sur le sol de la République.*

Je rappelle qu'il y a, à Mayotte, plus de policiers et de gendarmes qu'il n'y en a à Marseille, à Lille et à Lyon réunis.

C'est bien qu'il s'agit d'une situation qui est particulière, et les barrages ne permettent pas souvent aux forces de l'ordre d'intervenir. Et je constate tous les jours le fait que des policiers ne peuvent pas rejoindre le commissariat de Mamoudzou, ou des gendarmes leur brigade parce qu'ils sont empêchés eux-mêmes par des barrages. Donc d'abord, si vous voulez la sécurité, il faut lever ces barrages et permettre à la police et la gendarmerie d'intervenir.

Deuxièmement, je suis venu comme vous l'avez vu avec une équipe de 15 militaires du GIGN qui vont rester sur l'île et qui vont procéder dans les prochaines heures et dans les prochains jours à des interpellations systématiques, aidés en cela par les équipes du peloton de la Garde républicaine qui y ont été depuis une semaine ; c'est très important.

Les enquêtes judiciaires que nous avons menées permettront dans les prochains jours de faire des interpellations massives et très importantes contre la délinquance. Je condamne évidemment tous les actes de violence qui ont touché le directeur général des services de la mairie. Je regrette d'ailleurs que la condamnation ne soit pas unanime. Je regrette par ailleurs que la demande de levée des barrages ne soit pas unanime. On ne rétablit pas la paix publique en France puisque Mayotte, c'est la France dans une situation qui pourrait être qualifiée d'insurrectionnelle.

Donc je suis venu avec la ministre déléguée apporter des réponses extrêmement fortes.

Je pense que chacun mesure ici l'histoire très importante d'un point de vue constitutionnel qu'est la fin du droit du sol sur un territoire de la République. Il a été demandé depuis longtemps par les Mahorais, jamais accordé par un président. Le président de la République prend des mesures extrêmement courageuses. La fin du visa territorialisé était une demande qui date de plus de trente ans. Je crois que le président la République, en prenant ces décisions, veut dire aux Mahorais qu'il les a entendus. Il est évident qu'après cette journée où nous rencontrerons l'ensemble des acteurs, nous rétablirons la paix publique sur l'île et qu'il n'y aura plus raison de tenir en effet des barrages qui empêchent les forces de secours aussi d'intervenir.

Je veux aussi dire que nous allons traiter le camp qui, aujourd'hui, est celui de Cavani.

Comme je l'ai dit, je suis venu par ailleurs avec d'autres directeurs de mon administration. L'ensemble des directeurs d'administration du ministère de l'Intérieur sont là, à commencer par le directeur général de l'OFPRA, le grand patron de l'Asile en France, mais aussi le directeur général de l'OFII, qui s'inquiète notamment du retour des personnes dans leur pays.

Nous avons une difficulté particulière venant de l'Afrique des Grands Lacs, incontestable, du fait de la misère et de l'islamisme qui touchent l'Afrique des Grands Lacs et des populations qui fuient cette misère. Mais Mayotte n'a pas à subir. C'est pour ça que nous allons mettre fin à ce camp de

Cavani, rapatrier en Hexagone les personnes qui ont obtenu l'asile, qui ne resteront pas donc à Mayotte, comme j'ai commencé voilà dix jours et renvoyer de façon rapide et efficace ces personnes qui n'ont pas obtenu l'asile, par des départs volontaires et nous y mettrons des moyens.

Vous savez, Mayotte n'est pas éligible à l'aide au départ volontaire avec de l'aide financière pour repartir dans les pays d'origine ; ce que nous faisons dans l'Hexagone. C'est pour ça que le patron de l'OFPRA est là pour pouvoir mettre ça en place avec des dispositions qui vont naître dans le projet Mayotte.

C'est très concret et c'est très efficace. En Hexagone, les départs volontaires sont plus nombreux que les départs forcés. Donc, c'est vraiment très important pour lutter contre l'immigration irrégulière. C'est un changement radical pour Mayotte, et puis évidemment des départs forcés dans un nouveau Centre de rétention administrative. Je vous rappelle qu'il y aura un deuxième Centre de rétention administrative, qui sera construit à Grande-Terre, par ailleurs, aussi des assignations à résidence.

Donc, la sécurité sera rétablie dans l'île, une fois que nous aurons passé cette journée de discussions avec les annonces très fortes que nous venons de faire »[1].

C'est en ces termes qu'à peine arrivé sur le tarmac de l'aéroport de Pamandzi, Gérald Darmanin a annoncé à la face des Mahorais et de la nation son projet de suppression du droit du sol à Mayotte. C'est aussi sans compter sur les réactions qu'une telle proposition allait susciter comme débat sur le plan national.

Désormais, les positions sont connues : d'un côté, il y a la gauche, qui est plus qu'opposée à cette idée de suppression du droit du sol, pour plusieurs raisons, parfois détachées de la réalité mahoraise, et de l'autre, la droite, qui en est plus que jamais favorable. Les arguments souvent développés par les

---

[1] Propos recueillis par *CNews,* en direct de Mayotte, le 11 janvier 2024.

uns et par les autres ne répondent pas toujours à la question qui est posée et qui est relativement simple : quelle solution pour sauver Mayotte et la protéger du « *tsunami migratoire* » qui la frappe, avec une accélération objectivée par l'INSEE à partir de 2012 ?

Et, depuis 2017, le phénomène est devenu incontrôlable puisque de l'avis de tous, le poids de l'immigration sur le territoire de Mayotte représente désormais près de 2/3 de la population réelle, avec la moitié de celle-ci en situation administrative irrégulière.

À ces éléments, s'ajoutent d'autres agrégats démontrant à n'en point douter que les Mahorais sont en minorité chez eux, sur le sol de leurs ancêtres. Ces résultats sont la conséquence, à mon sens, d'une politique conduite de longue date et de longues mains, de la fin des années 1980 et au début de la décennie 1990, puis en 2000, lorsque le gouvernement dirigé par Lionel Jospin avait décidé de « *moderniser* » le droit des étrangers à Mayotte, lequel droit était jusqu'ici régi par un décret de 1872.

Ce nouveau droit a largement contribué à l'arrivée des populations voisines de façon irrégulière et sans grand risque. Il a été amplifié par l'ordonnance de 2014 prise par le gouvernement dirigé par Manuel Valls, qui avait trouvé pour toute réponse à la lutte contre l'immigration à Mayotte non pas la reconduite des étrangers en situation irrégulière dans leurs pays d'origine, mais la création *ex nihilo* d'un titre de séjour « *territorialisé* », qui interdit à son titulaire de quitter l'île pour se rendre sur une autre partie du territoire national.

Outre cette législation inique et raciste, l'ordonnance mortifère en a profité pour déployer la quasi-totalité de la législation du droit des étrangers – le CESEDA – à Mayotte alors que, dans l'accord du 27 janvier 2000 signé par le gouvernement et la classe politique mahoraise, il a été bien convenu que cette matière ne pouvait pas relever de l'identité législative. Ce texte en a profité également pour étendre le regroupement familial qui, à lui tout seul, permet l'arrivée et la régularisation de 90% des étrangers par les titres de séjour délivrés par la Préfecture de Mayotte.

Enfin, il est clairement établi, documents officiels à l'appui, que la Préfecture de Mayotte a en stocks, aux fins d'instruction, quelque 290.000 demandes de titres de séjour, soit globalement le même chiffre que la population officielle recensée sur l'île : 310.000 habitants.

Par ailleurs, la pression migratoire proprement dite n'est pas sans conséquences sur le fonctionnement régulier de toutes les administrations locales. L'État, malgré des efforts inédits, n'arrive plus à suivre dans le financement et dans la réalisation des infrastructures scolaires d'accueil.

Dès lors, il me plaît de rappeler ici ces propos que j'ai tenus à la tribune de l'Assemblée nationale : « *À Mayotte, le droit de la nationalité a pu être aménagé. Nous aménageons le délai de saisine du juge des libertés et de la détention.*

Le regroupement familial peut l'être aussi, les mesures d'éloignement également, de même que le titre de séjour d'exception spécifique à Mayotte. Nous aurons alors mis un terme efficace au détournement de notre humanisme. Je vous propose donc de conserver l'esprit de notre droit, mais d'en limiter par la lettre, les détournements qui tourmentent tant mes compatriotes de Mayotte »[1].

Bref, en déclarant vouloir supprimer le droit du sol à Mayotte, le gouvernement a ouvert le débat posé sur la table de la République depuis septembre 2005. Le temps est venu de le trancher ; c'est ce que je tente de faire à travers les quelques lignes et pages qui suivent, pour démontrer que le débat est ancien ; il est actuel même s'il fait réapparaître les clivages entre la gauche et la droite, alors qu'il nous faut, ici, un peu de pragmatisme et non des postures idéologiques ou d'imposture tout court.

---

[1] *JORF,* Assemblée nationale, débats, 2ème séance du 29 janvier 2019.

CHAPITRE I.
SYNOPSIS D'UNE DISPARITION DU PEUPLE MAHORAIS

Commençons par cette déclaration que j'ai faite devant une Commission de l'Assemblée nationale : « *Quand, dans la France hexagonale, l'immigration plafonne à 10%, tout le monde a peur. À Mayotte, elle dépasse 60% sur un territoire de 374 km², de plus de 450.000 habitants – population réelle ; 190.000 dossiers sont en cours d'instruction, des gens toujours plus nombreux demandent à venir à Mayotte. Plus de 100.000 titres de séjour sont enfermés dans une cocotte-minute. Dans les écoles, plus de 80% des enfants ont des parents d'origine étrangère ; à 70 km de là, aux Comores, plus de 200.000 enfants attendent d'aller à l'École à Mayotte : les financements de l'État n'arrivent plus à suivre ; 11.000 naissances ont lieu chaque année, dont 75% de parents d'origine étrangère. La question migratoire ne peut plus être traitée à Mayotte comme elle l'est à Paris ou dans je ne sais quelle région de l'Hexagone.*

Nous avons besoin de mesures spécifiques et fortes pour endiguer l'immigration et permettre aux Mahorais de revenir sur leur île.

Nous ferons des propositions, mais je voudrais d'ores et déjà soumettre à votre sagacité le principe suivant : pas de régularisation pour ceux qui arrivent clandestinement à Mayotte, quelle que soit l'ancienneté de leur présence sur l'île. Lorsque je demande à mes collègues de laisser les étrangers venir en métropole, tout le monde refuse. Nous ne pouvons pas davantage les accepter »[1].

En signant ce propos devant la Commission des Lois de l'Assemblée nationale, j'ai souhaité alerter sur les crimes sociaux et culturels du « *tsunami migratoire* », de l'agression migratoire, qui s'opère à Mayotte. Naturellement, de la part des collègues, il n'y a pas eu beaucoup de réactions ; ce que je peux comprendre à des degrés divers. Il y a ceux que l'on nomme les « *mondialistes* », idéologiquement et fermement opposés à l'idée même de l'existence des pays, des États, des nations, et des frontières entre les États et entre les peuples.

Il y a ceux qui croient en l'existence des peuples et des cultures, c'est-à-dire des groupes d'individus qui forment un tout et qui partagent une même culture et construisent un même destin, une même nation. Il en existe très nombreux, dans les différents groupes politiques au parlement. Je fais partie de ceux-là, mais je l'avoue que je n'ai pas la sensation que mes collègues ont la même relation que j'ai avec la nécessité de protéger notre culture nationale et locale et en ce qui me concerne de façon fusionnelle, de la culture mahoraise au sein du peuple français : la protection de sa population, la protection de sa langue, de sa culture… et tout ce qui, au fond, finalement constitue l'âme mahoraise.

Seul le président Jacques Chirac avait réellement compris l'expression de cette âme et ce souci de protection des Mahorais dans leur culture. Il était, de loin, celui qui avait compris cette sensibilité mahoraise ainsi qu'il le dit lui-même en ces termes : « *Différent est le malaise des Mahorais en matière institutionnelle. Une Histoire multiséculaire a appris à ce peuple, d'origine africaine et malgache, à se méfier des*

[1] Mansour Kamardine : Compte-rendu de la Commission des Lois, Assemblée nationale, Paris, 21 novembre 2023, p. 39.

invasions venues des pays arabes, qui ont fortement marqué les autres îles de l'archipel des Comores. C'est spontanément qu'en 1841, les Mahorais se placèrent sous la protection de la France, puisqu'en 1975, ils refusèrent de suivre les Comores dans l'indépendance.

Ce passé explique à lui seul la force de la revendication départementale à Mayotte : pour ses habitants, il s'agit à la fois d'une question de dignité – c'est la logique de 1946 – et d'une garantie indispensable pour l'avenir.

C'est parce que ce sentiment est à la fois respectable et incontournable que j'avais engagé à partir de 1986, le processus devant permettre à ce territoire de réaliser sa vocation à accéder au statut de département »[1].

En un mot, voilà deux siècles que les Mahorais dénoncent le processus de son déclassement et de son invasion par un peuple, le peuple comorien, et particulièrement la population anjouanaise.

Le sénateur Balarello, dans son rapport de 2000 et dans celui 2001 sur Mayotte, François Baroin en 2005, François Bayrou en 2007, les élus et la population de Mayotte en 2005, 2018 et 2024 (…) ont alerté sans succès sur les risques majeurs de déstabilisation du territoire par l'immigration.

Les réponses des gouvernements successifs n'ont pas été à la hauteur de l'enjeu : soit qu'elles furent tardives, soit qu'elles furent partielles, voire partiales. François Baroin, alors ministre de l'Outre-mer (2005-2007), avait proposé la suppression du droit du sol. Le Premier ministre Manuel Valls, en visite à Mayotte, s'y opposa et proposa des rustines et des placebos pour « *régler* » le problème migratoire. Dans le même temps, avec l'adoption de l'ordonnance de 2014, il a accéléré l'invasion de l'île par le droit au regroupement familial. L'amendement Thani Mohamed Soilihi a donné le dernier coup de grâce. En effet, même si ce dernier a permis

[1] Discours de Jacques Chirac, à la Réunion, lors de la campagne pour le scrutin présidentiel en 1995.

de réduire drastiquement le nombre d'acquisitions de la nationalité française par le droit du sol, passant de 2.800 en 2018 et à 900 en 2022, un court instant, il a, assez largement, amplifié les réseaux de faussaires, dont les reconnaissances frauduleuses et illégales de paternité, créant ainsi de faux enfants français, dont les mères obtiennent automatiquement la carte de séjour territorialisé et le regroupement familial.

C'est ce qui explique que naissent chaque année plus de 10.000 enfants au Centre hospitalier de Mayotte (CHM), dont 75% de mères étrangères, et que la moitié de ces enfants, soit plus de 5.000 gamins, sont des enfants « *français* » suite à une reconnaissance frauduleuse de paternité. Sinon comment expliquer que ces enfants soient dans leur immense majorité reconnus soit par des Français, soit par des Comoriens en situation régulière, parfois sur le dos des pères biologiques, qui résident également à Mayotte ? En un mot, la disposition Thani Mohamed Soilihi est totalement vidée de sa substance et détournée de son objectif.

Son impact immédiat sur le nombre de titres de séjour en cours de validité est exponentiel ; la Préfecture de Mayotte délivre 16.000 titres de séjour par an, dont 14.000 au titre du regroupement familial, au profit de mères d'enfants français. Ces chiffres démontrent à n'en plus suffire et n'en déplaise aux détracteurs de la proposition de supprimer le droit du sol que les femmes comoriennes viennent, à titre principal, pour accoucher à Mayotte pour faire attribuer la nationalité française à leurs enfants, à tout prix, ces derniers ayant « *la charge* » de faire régulariser la situation administrative de la mère et du reste de la fratrie.

Cette affirmation procède des statistiques de la Préfecture de Mayotte et de nombreux témoignages de Comoriennes qui arrivent clandestinement à Mayotte pour accoucher de façon frauduleuse et donc illégale. À titre d'exemple, j'ai retenu ces témoignages : « *Sur l'île d'Anjouan, dans cet archipel des Comores, le village de Kangani est la dernière étape pour les*

Comoriens ou des migrants africains avant la traversée de l'océan vers la France, c'est-à-dire vers l'île de Mayotte. Youssouf a longtemps été passeur, entre 400 et 500 euros, la traversée pour chaque personne embarquée, 70 km sur une mer capricieuse avant d'atteindre Mayotte.

Mais les embarcations destinées aux candidats à l'exil n'ont pas bougé de cette plage depuis plusieurs jours. La première cause : des contrôles en mer plus stricts et la restriction du droit du sol. Youssouf sur ce dernier point est directement concerné : "J'ai un enfant qui est né à Mayotte, et qui est là-bas. Je voudrais que cet enfant bénéficie des avantages du droit du sol pour qu'il puisse vivre dignement". *Si cette disposition est votée, le fait de naître à Mayotte ne permettrait plus aux enfants de parents étrangers d'acquérir la nationalité française, ce qui veut dire, plus de titres de séjour.* "Nous, les Comoriens, nous vivons grâce à Mayotte, puisque Mayotte est française. Si le droit du sol est supprimé, c'est une régression même pour nous ici".

Malgré cette nouvelle règle liée au droit du sol, les Comoriens, tout comme des immigrés venant des pays d'Afrique, espèrent encore arriver à destination sur cette île française. Dans la commune de Moya, toujours sur cette île d'Anjouan, la destination de Mayotte reste à ce jour un "ouf" *de soulagement :* "Mayotte est devenue un lieu *d'un ouf* de soulagement pour la jeunesse comorienne. Donc, on ne peut pas arrêter ça ; les Mahorais ne peuvent pas arrêter ça ; la République française ne peut pas arrêter ça, même si Darmanin propose ça". *Pas de mur dans l'océan mais un mur véritable administratif qui alourdit l'atmosphère ici dans les rues des villes de cette île au large de Mayotte, une île dont les habitants depuis quelques jours ont décidé d'afficher leur inquiétude et leur colère* »[1].

[1] Reportage TV5 Monde à Anjouan, à la suite de la proposition de M. Darmanin de supprimer le droit du sol à Mayotte. D'autres témoignages recueillis par des médias nationaux sont dans le domaine public.

Comment ne pas lire ces déclarations ?

Pour les Mahorais, cette situation n'est pas tombée du ciel. Pour la comprendre, replaçons les faits dans leur dimension historique et politique, d'abord, pour rappeler qu'en 1984, Laurent Fabius, alors Premier ministre, s'oppose à l'exécution de la loi de décembre 1979 qui prescrit la consultation des Mahorais sur l'avenir statutaire de leur île. Il justifie son refus par la considération selon laquelle la Constitution française n'autoriserait pas cette consultation d'une part, et que, d'autre part, la question de fond est de savoir si Mayotte doit ou pas réintégrer les Comores. Or, les Mahorais avaient déjà répondu à la quasi-unanimité, le 8 février et le 11 avril 1976, et à la suite de la décision du Conseil constitutionnel reconnaissant l'appartenance de l'île à la République et l'impossibilité à la faire quitter le giron français sans l'accord de sa population. En vérité, le Parti socialiste était violemment opposé à l'idée du maintien de Mayotte dans la France.

En janvier 2000, le gouvernement dirigé par Lionel Jospin signe avec les Mahorais l'accord sur l'avenir institutionnel de leur île. Cet accord stipule la mise en place d'une législation pénale plus sévère contre l'immigration clandestine : « ... *Afin de prévenir l'immigration irrégulière, un dispositif de sanctions pénales sera institué et l'État renforcera les moyens affectés au contrôle des flux migratoires. La collectivité départementale sera associée aux décisions en matière de travail des étrangers. En outre, l'État et les collectivités développeront des actions de coopération avec les pays voisins* »[1].

S'appuyant sur cet accord, le gouvernement décide de refonder complètement et *ab initio* par ordonnance du 26 avril 2000 le droit des étrangers à Mayotte.

---

[1] Accord du 27 janvier 2000, approuvé par plus de 73% de la population de Mayotte, et qui a permis de créer la Collectivité départementale de Mayotte, en attendant l'accession de l'île au statut de département.

Les effets prévisibles, mais désastreux pour Mayotte, en conséquence de ce texte, sont dénoncés par le sénateur Balarello dans son rapport du 6 juin 2001. Dès cette date, tout le monde sait que ce texte allait générer de grosses tensions : « *Mayotte appartient à une sous-région historiquement marquée par l'existence de flux importants de population nourris par des liens familiaux, ethniques et culturels forts.*

Cependant, le développement économique et social de l'île et l'amélioration des services publics associés à l'instabilité institutionnelle de l'archipel des Comores (19 coups d'État en 24 ans d'indépendance) et à la sécession anjouanaise depuis 1997, ont substitué à un phénomène naturel de circulation des populations des îles du Canal du Mozambique un phénomène majeur d'immigration à finalité économique vers Mayotte depuis 10 ans ».

« *Il y a environ 20.000 étrangers en situation régulière, dont 86% de Comoriens. Cette évolution va sans doute s'amplifier du fait de l'entrée en vigueur le 1er mai 2001 des dispositions de l'ordonnance du 26 avril 2000 remplaçant celle du décret du 21 juin 1932. Si les règles relatives au regroupement familial n'étaient applicables qu'au 1er janvier 2006, l'ordonnance du 26 avril 2000 constituerait un cadre légal plus protecteur des droits individuels des étrangers et il est à prévoir de nombreuses demandes d'asile.*

Les estimations concernant le nombre des clandestins oscillent entre 15 et 30.000 personnes. Ils se concentrent dans les villages de peuplement historiquement anjouanais et y constituent de véritables bidonvilles dépourvus d'eau, d'électricité et d'assainissement. L'immigration régulière et clandestine à Mayotte représente ainsi entre 35 et 50.000 personnes, sur une population estimée à 149.000 habitants par l'INSEE au 1er janvier 2000.

Alors que l'île connaît une démographie explosive (+5,8%) qui la conduira à 250.000 habitants en 2010 et à 350/400.000 habitants en 2020, le contrôle de l'immigration est un enjeu vital. Toutes les personnes que votre rapporteur a rencontrées au cours de sa mission ont été unanimes sur ce point, qu'il s'agisse des élus ou des fonctionnaires en poste à Mayotte.

Il ne faut pas oublier que depuis 1997, on estime à 4.000 le nombre de morts dus à des naufrages de Kwasa-kwasa, ces barques souvent surchargées servant à transporter des clandestins. Par ailleurs, si la société mahoraise s'est toujours caractérisée par la cohabitation pacifique de plusieurs communautés : africaine, malgache, européenne, des tensions commencent à se faire sentir. L'immigration clandestine constitue donc un puissant facteur de déstabilisation sociale au sein d'une société très vulnérable du fait de la rapidité et de l'ampleur des mutations qui la traversent. Plusieurs incidents ont montré que la situation pouvait dégénérer. L'annonce par l'administration de contrôles sur la régularité du travail a conduit des employeurs à licencier brutalement (la plupart du temps sans les payer) de nombreux travailleurs clandestins, qui ont alors organisé une grande manifestation à Sada, qui a fortement marqué les esprits.

En août 2000, une manifestation d'Anjouanais réclamant la levée de l'embargo a rassemblé 10.000 personnes à Mamoudzou (dont une grande majorité de femmes), ce qui est considérable. De plus, des phénomènes d'exclusion d'enfants anjouanais dans les écoles ont été signalés. En outre, le coût de l'immigration clandestine à Mayotte est de 100 millions de francs au minimum par an, dont 76 millions pour les services de santé. Les Anjouanais représentent 30% des personnes soignées dans les dispensaires et 50% des naissances dans les maternités, 80% à la maternité de Mamoudzou.

Face à cette situation, une politique active de contrôle de l'immigration a été mise en place depuis quelques années. En 1999, 7.885 reconduites à la frontière ont été opérées (contre

5.611 en métropole), soit une augmentation de plus de 30% par rapport à l'année passée. L'obligation de visa préalable pour les ressortissants comoriens se rendant à Mayotte a été rétablie depuis 1995 et les moyens de surveillance des côtes renforcés.

Le régime en matière de conditions d'entrée et de séjour des étrangers étant obsolète et inadapté au contexte de l'immigration dans cette collectivité, l'ordonnance n°2000-373 du 26 avril 2000 relative aux conditions d'entrée et de séjour des étrangers à Mayotte, qui est entrée en vigueur le 1er mai 2001 (et s'inscrit dans le cadre de l'Accord sur l'avenir de Mayotte, signé à Paris le 27 janvier 2000), a prévu la mise en place de procédures de maintien en zone d'attente, d'expulsion et d'interdiction du territoire ainsi qu'un arsenal de sanctions pénales.

L'ordonnance du 2 novembre 1945 relative aux conditions d'entrée et de séjour des étrangers en France ne s'appliquait pas à Mayotte, qui restait soumise en ce domaine à un décret de 1932 relatif à Madagascar et à la loi du 3 décembre 1849 sur les reconduites à la frontière. Les passeurs ne pouvaient ainsi être poursuivis que pour mise en danger de la vie d'autrui. Quelques adaptations avaient pu être opérées par voie d'ordonnances ou à l'occasion de textes portant diverses dispositions relatives à l'outre-mer, en particulier en matière de rétention administrative.

Enfin, les pouvoirs publics s'efforcent de lutter contre l'important trafic de faux documents par la réforme de l'état civil et la création de fichiers, la mise en place de la carte nationale d'identité sécurisée, la sécurisation du passeport et des titres de séjour étant à l'étude.

Un "plan lagon" *a été dressé par la préfecture visant à renforcer les moyens nautiques de surveillance des passes par l'acquisition de nouvelles vedettes et la construction de sémaphores dotés de radars. Cependant, le financement de ces mesures paraît bloqué. Votre rapporteur appelle donc le*

Gouvernement à considérer avec attention ce problème qui conditionne dans une large mesure les progrès réalisés par Mayotte. […] »[1].

[1] **José Balarello :** *Rapport n°361 (2000-2001), fait au nom de la Commission des Lois du Sénat, déposé le 6 juin 2001. Projet de loi relatif à Mayotte,* Paris, 2001, p. 43.

CHAPITRE II.
UNE SITUATION GÉNÉRATRICE DE TENSIONS SOCIALES

Non seulement, l'alerte du sénateur José Balarello n'a pas permis de réagir pour tenter de prendre le contrôle de la situation, mais bien plus, rien n'a été entrepris pour reprendre le contrôle de la situation… Loin de réprimer et de combattre l'immigration, l'ordonnance de 2000 permet, pour l'essentiel, de contourner la volonté affirmée par le « *visa Balladur* » de 1994 de contrôler le flux migratoire en autorisant, à titre d'exemple, la délivrance de plein droit un titre de séjour à l'étranger mineur ou dans l'année qui suit son dix-huitième anniversaire, dont l'un des parents au moins est titulaire de la carte de séjour temporaire, ainsi qu'à l'étranger entré de façon régulière sur le territoire de la République dont le conjoint est titulaire de cette carte, s'ils ont été autorisés à séjourner à Mayotte au titre du regroupement familial.

Une seconde étape dans l'organisation de la submersion migratoire est franchie en 2014, soit 3 ans après l'accession de Mayotte au statut des départements d'outremer.

L'ordonnance du 7 mai 2014 portant extension et adaptation à Mayotte du Code de l'Entrée et du Séjour des Étrangers et du Droit d'Asile (CESEDA) intègre Mayotte dans le champ d'application de celui-ci – et lui applique l'arsenal juridique en vigueur en France, au mépris des prévisions de la loi du 11 juillet 2001, qui avait pourtant réservé l'identité législative sur la question migratoire en raison des « *vagues de tsunamis* » qui sapaient déjà Mayotte, conformément à la stipulation de l'Accord du 27 janvier 2000, signé par le gouvernement et les représentants des partis politiques représentés au Conseil général de Mayotte. En effet, la loi de 2001 relative à Mayotte précise que « *les dispositions législatives et réglementaires sont applicables de plein droit à Mayotte à l'exception de celles qui interviennent dans les matières relevant de la loi organique, en application de l'article 74 de la Constitution ou dans l'une des matières suivantes :* [...] *5° Entrée et séjour des étrangers et droit d'Asile* ».

L'ordonnance de 2014 créa dans le CESEDA et au grand mépris de l'Accord précité un article L832-2 aux termes duquel « *les titres de séjour délivrés par le représentant de l'État à Mayotte* [...] *n'autorisent le séjour que sur le territoire de Mayotte* ». Ce sont ces dispositions qui sont à l'origine du fameux titre de séjour « *territorialisé* », limité à la seule île de Mayotte.

Finalement, en l'espace de 10 ans, le bilan est là, et il est des plus inquiétants. Les irrédentistes sont en passe de gagner. De fait, l'Institut national d'Études démographiques (INED) note « *une recomposition importante de la population et stipule que, par leur intensité, natalité et immigration concourent à Mayotte à une croissance démographique exceptionnelle, la combinaison de leurs effets y ajoute une dynamique tout aussi spectaculaire de recomposition de son peuplement, conduisant à ce que les natifs de l'île y soient aujourd'hui minoritaires. Ainsi, en 2015-2016, l'enquête MFV – Migrations, Famille, Vieillissement – montre que plus de la moitié des adultes (18-79 ans) résidant dans le département n'y sont pas nés : la grande majorité arrive des Comores (42%) et plus spécifiquement d'Anjouan (30%). À ceux-là s'ajoutent 12% de personnes nées ailleurs à l'étranger et 8% d'autres nées en France, hors Mayotte. Au total, plus de 40% de ces* "immigrants" *sont des étrangers, dont une majorité – dépourvue de* "titre de séjour" *– réside sur l'île en situation administrative irrégulière. Là encore, Mayotte affiche sans conteste une situation exceptionnelle* »[1].

Dans cet ordre d'idées, il est précisé : « *Estimée à 23.400 habitants en 1958, la population de l'île de Mayotte a plus que décuplé en 50 ans pour atteindre 256.500 habitants en 2017. Les trois quarts des enfants qui y naissent sont de mères étrangères, comoriennes pour la plupart.*

L'immigration, qui contribue depuis longtemps à la croissance démographique, se double d'une émigration importante touchant notamment les jeunes, près de la moitié des personnes de 20-24 ans nées à Mayotte résident en métropole par exemple. Il en résulte une recomposition importante de la population : plus de la moitié des adultes habitant l'île n'y sont pas nés et sont originaires des îles comoriennes voisines. La population de Mayotte est très jeune et peu instruite. L'un des premiers défis de l'île est de rattraper les retards en matière d'éducation »[2].

Enfin, dans ses projections, l'INED note avec effarement qu'à l'horizon de 2050, soit dans 25 ans à peine, Mayotte sera peuplée de 760.000 habitants si l'excédent migratoire qui est récemment constaté se maintenait.

Voici ci-après reproduits les différents *scénarii* qui sont à envisager.

Le premier scénario étudié permet d'estimer le nombre d'habitants qui serait atteint si les migrations se maintenaient jusqu'en 2050, comme entre 2012 et 2017.

---

[1]https://www.ined.fr/fichier/s_rubrique/28626/560.population.societes.novembre.2018.mayotte.fr.pdf

[2]https://www.ined.fr/fichier/s_rubrique/28626/560.population.societes.novembre.2018.mayotte.fr.pdf

Entre 2012 et 2017, les flux migratoires s'intensifièrent : plus d'arrivées depuis l'étranger et plus de départs de natifs de Mayotte vers le reste de la France. Au final, le solde migratoire, différence entre les arrivées sur l'île et les départs vers l'extérieur, est positif (+1.100 personnes par an), alors qu'il était déficitaire entre 2002 et 2012. En effet, la période 2012-2017 est marquée par un regain d'attractivité de Mayotte vis-à-vis essentiellement des Comores : le solde migratoire est fortement excédentaire pour les natifs de l'étranger, principalement des Comores (+32.500 étrangers, un rythme dix fois plus important qu'entre 2007 et 2012). Dans le même temps, de nombreux natifs de Mayotte sont partis s'installer ailleurs en France (- 25.900 natifs entre 2012 et 2017), si bien que 48% de la population de Mayotte est de nationalité étrangère en 2017.

Si les flux migratoires élevés observés entre 2012 et 2017 se reproduisaient de façon identique jusqu'en 2050, 760.000 habitants vivraient à Mayotte en 2050, soit trois fois plus qu'en 2017 (*Cf.* figure 1). La population augmenterait à un rythme annuel moyen de 3,3% par an. C'est un grave danger pour Mayotte.

Figure 1 - Entre 440 000 et 760 000 habitants à Mayotte en 2050 selon les hypothèses d'évolution des migrations

Évolution de la population de Mayotte à l'horizon 2050 selon les trois scénarios de projections

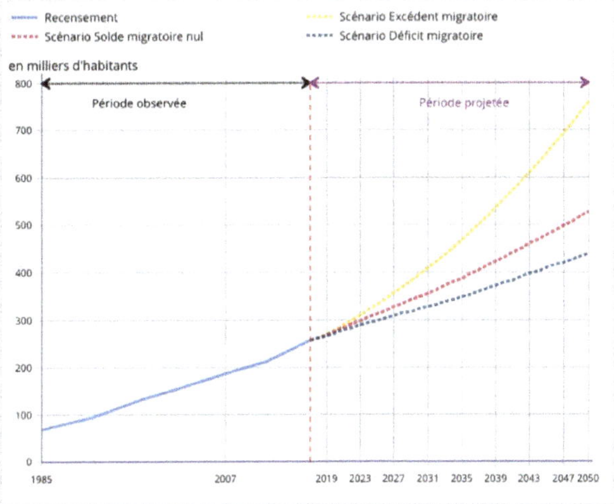

Sources : Insee, Recensements de la population, Omphale.

Sous cette même hypothèse, la densité de la population dépasserait 2.000 habitants au km² en 2050. Mayotte deviendrait alors le département de France le plus densément peuplé, juste derrière Paris et les départements de la Petite Couronne, caractérisés par un important parc d'immeubles. Or, actuellement, les logements de Mayotte sont en quasi-totalité des maisons individuelles. Cette projection purement démographique n'aurait donc de sens que dans un scénario d'évolution radicale de l'aménagement du territoire mahorais.

La croissance démographique entre 2017 et 2050 reposerait toujours sur le solde naturel porté par le dynamisme des naissances. L'excédent migratoire, quant à lui, contribuerait directement pour seulement 7% à la croissance annuelle moyenne de la population.

Si les flux migratoires récents se maintenaient jusqu'en 2050, les arrivées de femmes comoriennes âgées de 15 à 34 ans seraient en particulier aussi nombreuses qu'entre 2012 et 2017, contribuant ainsi au maintien d'un niveau élevé de la natalité.

En 2050, 28.000 bébés naîtraient ainsi à Mayotte, soit trois fois plus qu'en 2017.

Un tel niveau de natalité nécessiterait une forte adaptation de l'offre de places offertes dans les maternités de l'île.

Avec 700 décès en 2017, la mortalité est bien plus faible à Mayotte qu'en métropole, du fait de la jeunesse de la population. Elle n'aura que peu d'impact sur l'évolution de la population. Elle est supposée stable à l'horizon 2050 : on fait l'hypothèse que l'afflux d'immigrés aux conditions de vie très précaires limiterait les gains moyens de longévité. L'espérance de vie à la naissance est ainsi, par hypothèse, maintenue à son niveau de 2017 (75 ans) jusqu'en 2050.

La répartition de la population par âge varierait peu : elle resterait de loin la plus jeune de France, avec 51% de moins de 20 ans en 2050, contre 54% en 2017.

Ce scénario d'évolution de la population est basé sur la prolongation des tendances 2012-2017 en matière de migrations. Or, à long terme, rien ne permet de privilégier ce scénario démographique. Deux autres *scénarii* ont donc été simulés. Ils visent à évaluer la population de l'île jusqu'en 2050, si les flux migratoires se réduisaient, modérément ou plus fortement. Dans ces deux *scénarii* alternatifs, on fait l'hypothèse que les départs d'habitants de Mayotte vers la métropole resteraient importants.

CHAPITRE III.
530.000 HABITANTS EN 2050
SI LE SOLDE MIGRATOIRE ÉTAIT NUL

Prenons en compte la réalité suivante : « *Sous l'hypothèse d'une baisse de l'immigration à hauteur du nombre de départs vers le reste de la France (hypothèse de solde migratoire nul), 530.000 personnes habiteraient à Mayotte en 2050. La population doublerait par rapport à 2017. Elle augmenterait de 2,6% en moyenne par an entre 2017 et 2050, soit au même rythme qu'entre 2007 et 2012* (*Cf.* figure 2). *La croissance démographique annuelle diminuerait progressivement jusqu'à atteindre 2,0% en 2050.*

En effet, les arrivées de jeunes femmes étrangères devenant par hypothèse moins nombreuses, la fécondité moyenne baisserait progressivement sur le territoire pour atteindre 3,1 enfants par femme en 2030, soit le niveau de fécondité des femmes natives de Mayotte en 2012. Elle se stabiliserait ensuite. En 2050, 13.000 bébés naîtraient ainsi à Mayotte, soit 2 fois moins que si les tendances migratoires observées entre 2012 et 2017 se maintenaient ».

Figure 2 – Si l'immigration diminuait, la croissance de la population baisserait selon la tendance entamée avant 2012

Croissance annuelle moyenne de la population de Mayotte selon les 3 scénarios de projection

Sources : Insee, Recensements de la population, Omphale.

Pour les Mahorais, ces prévisions ne soulèvent aucun étonnement, car c'est ce qui s'est passé durant la présidence de François Hollande, alors que Manuel Valls était Premier ministre, un chef de gouvernement dont le camarade préfet de Mayotte de l'époque avait refusé de juguler l'immigration irrégulière au motif qu'il en était lui-même un pur produit. Au total, Mayotte deviendrait en 2050, un quartier d'Anjouan et tous les pouvoirs de l'île, politiques comme économiques, seraient entre les mains des Anjouanais.

CHAPITRE IV.
UNE IMMIGRATION CONÇUE ET PLANIFIÉE PAR L'ÉTAT

Personne, au niveau de l'État, ne peut dire qu'il ne savait pas. Tout le monde a fermé les yeux et a laissé faire, au nom du sacro-saint mot d'ordre « *pas de vagues !* ».

Les perspectives les plus sombres corroborent l'analyse du bureau d'études ARPI qui, à plusieurs occasions, a conduit des enquêtes sociales pour le compte de l'État dans le cadre des opérations de décasement et de la lutte contre l'habitat indigne. Le constat est le suivant.

Une seconde étape dans l'organisation de la submersion migratoire après l'ordonnance de 2000 est franchie en 2014, soit trois ans après l'accession de Mayotte au statut de département. Comme déjà souligné, l'ordonnance du 7 mai 2014 portant extension et adaptation à Mayotte du CESEDA lui applique les normes juridiques en vigueur sur toute la France, sans tenir compte des prévisions de la loi du 11 juillet 2001, une loi qui avait réservé l'identité législative sur la problématique migratoire du fait des agressions migratoires qui étouffaient déjà Mayotte, sans prêter attention à l'Accord du 27 janvier 2000 conclu par le gouvernement et différents représentants des partis politiques présents au Conseil général de Mayotte.

Les conséquences de cette loi, à l'évidence très inadaptée au contexte et à la réalité de l'île, sont suffisamment documentées par les autorités étatiques. Cela étant, à titre d'exemple et en réponse à une question orale sans débat de Boinali Saïd, alors député de Mayotte, le 20 janvier 2015, le gouvernement estime : « *Selon le rapport sur l'immigration comorienne à Mayotte remis en 2012 au gouvernement, l'immigration irrégulière représenterait, 75.000 personnes, 34% de la population de l'île et cause de forts déséquilibres socio-économiques qu'il convient de contenir.* [...]. *Compte tenu de l'importance de l'immigration irrégulière à Mayotte et dans le souci de ne pas l'aggraver, il a été décidé de maintenir la validité territoriale limitée des cartes de séjour temporaire, délivrées par le préfet de Mayotte au seul territoire mahorais. Dès lors, si le bénéficiaire souhaite se rendre en France métropolitaine ou dans un département d'outre-mer, il doit solliciter une autorisation auprès du préfet de Mayotte.* [...]. *La situation migratoire à Mayotte implique une adaptation progressive de nos textes et leur évaluation en continu. Le gouvernement restera attentif à l'évolution de la situation de Mayotte et pourra proposer le cas échéant, une adaptation du cadre législatif* »[1].

Dans le même ordre d'idées, on remarque que « *c'est l'ensemble du fonctionnement des services publics qui se trouve profondément affecté. À l'école, l'égalité des chances est compromise ; les enfants mahorais n'ont plus les mêmes conditions d'études que les enfants métropolitains en raison des classes surchargées. Le nombre de classes en rotation progresse d'années en année (environ 280 à la rentrée 2005) jusqu'à avoir aujourd'hui 2 écoles entières de 16 classes chacune qui partagent les mêmes locaux, l'une le matin et l'autre l'après-midi.*

[1] Réponse du gouvernement à la question de M. Boinali Saïd, député de Mayotte. *JORF,* Assemblée nationale, Débats, séance du 20 janvier 2015.

Compte tenu de leur retard de scolarité, des enfants des familles clandestines de plus de 15 ans sont à l'école primaire aux côtés d'enfants de moins de 8 ans. Dans moins d'une décennie, Mayotte comptera plus d'étrangers en situation irrégulière que de Français. Les communes de Mamoudzou et Koungou sont déjà majoritairement peuplées d'immigrés clandestins. Cette situation exceptionnelle pose à l'évidence une grave question de souveraineté nationale. On ne saurait, en effet, tolérer une pareille situation sur un point du territoire national. Cet état de fait entraîne également de graves conséquences jusqu'en métropole, puisque Mayotte, par l'intermédiaire de la Réunion, est devenue le premier point d'entrée des étrangers clandestins en France »[1].

C'est dans ce contexte que le gouvernement a fini par entendre raison, en adhérant aux propositions que les élus des Mayotte dans leur unanimité lui font depuis de très longues années, voire des décennies : « *L'ampleur de ce phénomène entraîne des conséquences très graves, au point de menacer la paix sociale et le développement économique et social d'une île qui connaît déjà des difficultés.*

La situation est alarmante et les chiffres sont édifiants :

- *80% des accouchements à la maternité de Mamoudzou sont le fait de femmes étrangères, en situation irrégulière ;*
- *sur la base des naissances enregistrées depuis, ce sont environ 50.000 naturalisations par l'effet mécanique du droit du sol, qui interviendront dans les 15 prochaines années, soit un tiers de la population actuelle ;*
- *la Maison d'arrêt de Majicavo est peuplée par plus de 70% des ressortissants étrangers ;*

[1] Malgré tout, les élus de l'île n'ont pas cessé de sensibiliser la nation sur le calvaire vécu au quotidien par les Mahorais du fait des migrations illégales.

- *les affaires traitées par le Tribunal judiciaire de Mamoudzou concernent presque 70% des personnes en situation irrégulière ;*
- *les établissements scolaires du premier degré sont fréquentés à presque 40% par les enfants dont les parents sont en situation irrégulière, et le rythme pourtant élevé de constructions scolaires n'empêche pas l'augmentation du déficit en place, d'une rentrée scolaire à l'autre* ».

CHAPITRE V.
SORTIR DU DÉNI

En 2018, à Mamoudzou, je m'étais adressé à des milliers de Mahorais en ces termes, en substance : « *Chers amis, Mahorais, nous nous sommes ici réunis pour protester contre l'immigration clandestine. Or, à y regarder de plus près, l'on constate que nous nous mentons à nous-mêmes. Au cas où vous ne le savez pas, sachez que sur 100 personnes présentes à Mayotte, au bas mot, plus de 52% sont d'origine étrangère ; sur 100 gamins dans nos écoles, 70 sont des enfants d'immigrés, souvent en situation irrégulière. Dans cinq ans, dans ces mêmes écoles, près de 90% des enfants seront d'origine étrangère. Alors, chers amis Mahorais, ne demandez pas à vos élus l'impossible, ne nous demandez pas de vous mentir ! Il est temps d'arrêter ce trafic. J'invite tous ceux qui ont donné leurs papiers à des migrants, qui ont reconnu des enfants qui ne sont pas les leurs, qui ont offert de faux certificats d'hébergement, d'aller les reprendre pour éviter de détruire notre pays et hypothéquer l'avenir de vos enfants. Voilà ce que je voulais vous dire. Je sais que ce discours ne vous plaît pas.*

Vos familles qui travaillent à l'hôpital, à la Préfecture, aux services fiscaux, dans les écoles, etc. sont épuisées. Elles n'en peuvent plus. Je sais que ce discours ne vous plaît pas car vous voulez continuer ce trafic. Je vous en prie, cessez ce trafic pour nous permettre d'être crédibles auprès des autorités dans nos revendications. Revendiquer quoi ? Comme Thani Mohamed Soilihi l'a dit, "demander la suppression du droit du sol". *Mais, comment obtenir sa suppression si chacun reconnaît un enfant étranger, qui n'est pas le sien ? Cet enfant bénéficiera du droit du sol, il permettra de régulariser la situation de sa mère, de son père et de l'ensemble de sa fratrie. Il les fera venir à Mayotte à cause de cette seule reconnaissance frauduleuse qui aura été faite, car cette reconnaissance fera de lui un enfant français. Alors, arrêtons de nous mentir à nous-mêmes. Les élus ne pourront pas obtenir l'arrêt de cette immigration si vous-mêmes ne vous pas décidez d'arrêter ce trafic. Arrêtez !* »[1].

Depuis plusieurs décennies, je dénonce les conséquences redoutables d'une immigration massive et incontrôlée des populations comoriennes vers Mayotte.

Pour plusieurs raisons tenant compte à la fois de la revendication territoriale, des Comoriens sur notre île sont à l'origine de la déstabilisation du tissu social local, en raison du poids que l'immigration comorienne représente au sein de la population de l'île. Cette même immigration comorienne à Mayotte provoque la dissolution de notre culture et de notre langue dans une culture qui sert d'argument pour les partisans français de Mayotte « *comorienne* » pour nous expulser de la nation française, au motif fallacieux et tendancieux selon lequel nous *serions* plutôt Comoriens et non Français, par proximité géographique, linguistique, culturelle et religieuse avec l'Union des Comores. Cette thèse m'était servie encore très récemment, à l'occasion d'un débat organisé sur *France*

[1] Adresse du député Mansour Kamardine à la population rassemblée à l'embarcadère à Mamoudzou, à l'occasion de la grande mobilisation contre la feuille de route mortifère, en date du 16 octobre 2017. Les Mahorais venaient d'obtenir une grande victoire, le gouvernement ayant décidé de suspendre la fameuse feuille de route, surnommée « *la feuille de déroute* », qui voulait organiser la cogestion inacceptable et impossible de Mayotte par la France et les Comores.

Info dans le cadre de l'émission « *Les Informés* ». À cette occasion, le journaliste de *L'Humanité* avait reproché aux Mahorais d'avoir refusé l'indépendance avec les Comores en 1975, alors qu'ils formaient avec les populations des trois îles voisines le même peuple. Il faisait fi des réalités historiques et politiques de l'archipel. Il ignorait délibérément que Mayotte a choisi la France non pas en 1975, mais bien avant, en 1841, pour refuser d'être colonisée par Anjouan. Il fait semblant d'oublier que la France, l'Italie et l'Espagne partagent les mêmes frontières terrestres, la même origine linguistique, mais ne forment ni un même peuple, ni une nation unique. En un mot, il cherche, au nom de ce qu'il prétend être un idéal de liberté et d'émancipation, pour nous imposer ce qu'il refuse pour la France hexagonale.

Cette philosophie porte un nom dans le lexique français : le racisme. « *Parce que nous sommes noirs et musulmans, nous formons nécessairement et certainement le même peuple que les voisins, les Comoriens* ».

Je souhaite rappeler que le discours en tête du présent Chapitre est un extrait de l'intervention que j'avais faite à l'ancienne place du marché à Mamoudzou, en 2018, alors que le département était traversé par une crise sociale d'une ampleur inégalée. Je me souviens que dans le même esprit et dès 2005, j'avais fait la même déclaration ; ce qui m'avait valu divers sobriquets et des insultes de toutes sortes.

Les Mahorais, drapés dans la naïveté et dans leur candeur indicible, ne m'ont ni écouté, ni cru. Les soulèvements quasi-insurrectionnels de 2018 et 2024 ont été le fait des personnes dont certaines participent dans leur comportement quotidien au soutien à l'immigration clandestine, par la fourniture à des Comoriens de fausses attestations d'hébergement, de fausses reconnaissances d'enfants ou encore de faux PACS. Souvent, elles demandent à « *leurs étrangers* », « *leurs invités* », de leur garder leurs enfants ou d'entretenir le ménage de leur maison, etc., pendant qu'elles se rendent à des manifestations pour demander l'arrêt de l'immigration. À chacune d'elles, « *l'immigrant de chacun* » ne pose pas de problème, « *car il est gentil et serviable* » ; c'est le « *migrant du voisin* » qui pose problème.

Nous devons tout faire pour sensibiliser, de gré ou de force, les populations sur les conséquences que cette pression migratoire fait peser sur notre vivre ensemble et sur la protection de notre âme mahoraise, si nous voulons réussir le contrôle des migrations. Aussi longtemps que les Mahorais n'auront pas pris conscience du risque que cette pression migratoire fait peser sur la sécurité des personnes et des biens, nous serons là, à nous écharper.

Du côté de la Justice comme de celui des associations versées dans le soutien aveugle à l'immigration quotidienne, l'existence des rapports très ténus entre cette immigration et l'insécurité est niée. Pour cette catégorie d'acteurs publics, ces propos sur l'immigration seraient « *nauséabonds* ».

Dans le cadre de mes travaux parlementaires et dans un rapport du 21 novembre 2022, j'ai reçu de la part de hauts fonctionnaires de l'État en charge de l'immigration, de l'asile et de la sécurité, et dont l'intégrité morale et intellectuelle ne souffre d'aucun doute, l'affirmation de cette corrélation, plus que visible et bien réelle, entre l'immigration et l'insécurité : « *Pour rappel, en 2021, les étrangers représentent environ 7,7% de la population totale vivant en France. D'après les chiffres transmis par le ministère de la Justice à votre rapporteur, en 2021 : 27% des mis en cause en matière d'atteinte à la personne humaine et aux biens étaient étrangers ; 16% des mis en cause en matière de circulation et de transport étaient étrangers ; 17% des mis en cause en matière d'atteinte à l'autorité de l'État étaient étrangers. D'après les chiffres du ministère de l'Intérieur, plus de la moitié (56%) des mis en cause impliqués dans des vols ou violences dans les transports en commun en 2021 sont des étrangers. En Île-de-France, 70% des mis en cause impliqués dans les faits liés aux transports en commun sont étrangers. La part des personnes étrangères parmi les mis en cause a fortement progressé entre 2010 et 2019 : +18 points pour les vols de véhicules, +14 points pour les vols violents sans arme, +14 points pour les vols sans violence contre des personnes et +12 points pour les cambriolages.*

Ces proportions varient fortement sur le territoire.

D'après les chiffres transmis par la Direction générale de la Police nationale du ministère de l'Intérieur à l'occasion des auditions conduites par votre rapporteur, il ressort qu'à Marseille, les étrangers représentent 11% de la population totale et 30% des mis en cause ; à Lyon, ces proportions s'élèvent à respectivement 10% et 44% »[1].

Pourtant, même en prenant connaissance de ces réalités, une partie de la classe politique reste dans le déni total. Je note, toutefois, avec satisfaction que désormais ces éléments sont versés dans le domaine public car repris par la presse nationale : « *Parmi l'ensemble des sujets liés à l'immigration qui peuvent être considérés comme* "sensibles" *dans le débat public français, celui des interactions entre les flux migratoires et la délinquance tient sans conteste l'un des premiers rôles. Pour éviter d'avoir à le traiter, nombreux sont les responsables politiques et les intervenants médiatiques qui préfèrent se réfugier derrière la supposée absence d'éléments chiffrés et fiables sur lesquels se fonder afin de nier toute corrélation d'aucune sorte entre l'immigration, l'insécurité, et l'ultra-violence.* [...].

Le service statistique ministériel souligne dès sa synthèse que les mis en cause sont "plus jeunes en moyenne que la population française et plus souvent de nationalités étrangères". *En effet, toutes infractions confondues, 17% d'entre eux sont des ressortissants étrangers – hors*

[1] Rapport parlementaire n°510 du 23 novembre 2022, visant à assouplir les conditions d'expulsion des étrangers constituant une menace grave pour l'ordre public, rapport présenté par M. Mansour Kamardine, député.

binationaux –, soit une proportion plus de 2 fois supérieure à leur part dans la population générale telle que mesurée par l'INSEE (7,8%). Cette surreprésentation peut aller jusqu'à 4 à 5 fois de cette part sur certaines catégories d'infractions, avec une forte croissance au cours des dernières années : les étrangers représentent 40% des mis en cause pour vols dans les véhicules (22 points de plus qu'en 2016), 38% pour les cambriolages (12 points de plus), 31% pour les vols violents sans arme (10 points de plus) »[1].

Bien évidemment, à Mayotte, la structure des violences liées à l'appropriation des biens d'autrui, à l'atteinte physique des personnes est différente de celle dans l'Hexagone, mais il n'empêche : elle reste la même dans son rapport à la violence, à l'immigration et à l'insécurité.

À Mayotte, la part des infractions perpétrées par les migrants est encore plus importante, compte tenu du poids social de ladite immigration.

Enfin, je veux mentionner le comportement de l'État lui-même. Dans une adresse vidéo, le ministre de l'Intérieur a dénoncé, à juste titre, l'attitude de certains Mahorais et singulièrement dans la haute société mahoraise : « *Je regrette d'ailleurs que tout le monde n'ait pas soutenu* [...].

Les moyens de police judiciaire que j'annonce désormais vont permettre de lutter contre toutes les complicités qu'il y a dans la société mahoraise vis-à-vis de l'immigration.

J'espère très franchement que tous les élus m'aideront, quel que soit leur bord, à lutter contre cette immigration irrégulière, notamment contre ces complicités »[2].

Plusieurs Mahorais ont peu apprécié cette dénonciation publique. Pour eux, l'État est responsable de cette situation.

---

[1] Nicolas Pouvreau-Monti : *Ces chiffres qui attestent de la surreprésentation des étrangers dans les vols et les violences*, ***Le Figaro***, Paris, 12 avril 2024.

[2] Gérald Darmanin, ministre de l'Intérieur et des Outre-mer, message vidéo, diffusé le 10 février 2024.

Ils considèrent que leur comportement se justifie par le fait que l'État n'a pas empêché les migrants d'entrer illégalement sur le territoire de la République.

Le ministre a bien évidemment raison de stigmatiser cette attitude, mais il a délibérément « *oublié* » d'incriminer et de reconnaître l'inadaptation des politiques publiques mises en œuvre ici, à Mayotte.

Or, il ne sera jamais possible de construire une véritable politique efficace de lutte contre l'immigration tant que l'État refusera de se remettre en cause, et d'accuser ces politiques mortifères. En effet, aussi longtemps que nous continuerons à offrir à tous ceux qui arrivent, indistinctement, clos, abri, couvert, École et santé, nous accueillerons toujours plus d'immigration, plus d'insécurité, plus de mobilisation de forces de l'ordre pour tenter de sécuriser la population et les biens, donc plus de mobilisation de moyens budgétaires pour l'accueil, en oubliant l'essentiel pour l'île de Mayotte, dont l'aménagement de son territoire.

À cet égard, dans son rapport sur l'immigration à Mayotte du 18 juin 2008 précité (*Cf.* p. 48), sont fournis des éléments d'information corroborés par des enquêtes de journalistes. Les migrants des Grands Lacs reconnaissent qu'ils arrivent sur l'île de Mayotte non pas pour la beauté des paysages de l'île, mais pour son appartenance à la France et à l'Europe, car ils souhaitent aller en Europe, où ils espèrent bénéficier d'un meilleur cadre de vie que ce à quoi ils sont « *en droit* » de prétendre dans leur pays d'origine. Pour cela, Mayotte leur sert de porte d'entrée.

Les principales portes d'entrée jusqu'ici connues étaient celles situées dans la mer Méditerranée, dont Gibraltar, Malte, Lampedusa, la Sicile, les Pouilles, et la Calabre. Les îles Canaries sont également un point de passage. Les sites d'Italie connaissent un accès un peu plus difficile, en raison d'une marine nationale plus active. C'est ce qui explique que le flux est détourné via Mayotte. Cette île est désormais la seule, ou quasiment la seule véritable porte d'entrée encore grandement ouverte en Europe, sur l'Europe. J'espère donc que la loi Mayotte permettra d'aligner toutes les planètes de l'intégration pour que nos citoyens et l'État comprennent que la réussite politique et efficace de lutte contre l'immigration clandestine passe par une mise en cohérence de nos divers comportements individuels, collectifs et étatiques.

À défaut, nous continuerons à nourrir cette immigration, à nous révolter et à nous accuser les uns les autres, à accuser l'État, pendant que l'État accuse les citoyens. À mes yeux, une politique efficiente de lutte contre l'immigration massive à Mayotte passe nécessairement et inéluctablement par la sortie de l'ensemble des parties prenantes à ce dossier du déni de vérité dans lequel elles se sont enfermées, en se mentant à elles-mêmes, à commencer par l'État lui-même !

CHAPITRE VI.
UN ÉTAT
AU COMPORTEMENT SCHIZOPHRÉNIQUE

L'État a déployé ces temps derniers des moyens substantiels pour lutter contre l'immigration irrégulière à Mayotte. C'est, en tous les cas, la sensation première que l'on a quand on regarde objectivement ce qu'il fait. Les effectifs de policiers et de gendarmes déployés localement avant et après l'opération « *Wuambushu* » ne laissent subsister sur ce point aucune seconde d'hésitation. Pour avoir eu le privilège de visiter les moyens mobilisés à l'occasion de cette opération de grande ampleur, je reste convaincu que l'État a vraiment la ferme volonté de reprendre le contrôle de la situation. Il en va de même du nombre de reconduites à la frontière chaque année. Ce nombre est toujours au-dessus de 20.000 ; ce qui représente jusqu'à plus de la moitié des reconduites à la frontière sur l'ensemble de la France.

Au vu de ce qui précède, la question venant à l'esprit immédiatement est : pourquoi alors y a-t-il toujours plus d'étrangers à l'arrivée qu'au départ, avec un solde migratoire toujours positif, au profit des arrivées ? La première réponse est que les moyens de contrôle à nos frontières ne sont pas au rendez-vous. En permanence, les migrants arrivent de jour comme de nuit. La deuxième raison tient au comportement général de l'État, lequel a instauré une législation réellement plus qu'incitative à l'immigration illégale, par des politiques publiques sociales attractives à l'immigration. J'en retiens trois principalement à savoir :

- l'accès à la scolarisation pour tous,
- l'accès à la santé pour tous,
- et l'accès au logement social.

S'agissant de l'accès à la scolarisation, nous observons de manière objective qu'il doit y avoir à Mayotte plus d'enfants d'origine anjouanaise scolarisés dans les écoles mahoraises que d'enfants de parents mahorais et français d'autres origines géographiques. Il y a également plus d'enfants anjouanais scolarisés à Mayotte que d'enfants scolarisés à Anjouan, où l'École est payante. Enfin, attendent sur les rivages d'Anjouan près de 120.000 gamins qui veulent partir à l'École à Mayotte.

S'agissant des effectifs des gamins de parents étrangers présents à notre École, ils s'élèveraient à environ 80%. Le Rectorat de Mayotte le minimise à 50%. Mais, peu importe la bataille des chiffres : à 80 ou 50%, ces chiffres sont déjà très considérables. Aucune région dans l'Hexagone ou dans les outremers ne les a encore atteints. Aucune région française n'est prête à accepter et à supporter une telle pression. Ainsi et mise à part la Réunion, l'Académie de Mayotte est-elle la plus peuplée. À titre d'exemple, la Corse et la Guyane ont des populations scolaires respectivement de 63.000 et 35.000 élèves alors que Mayotte en compte quelque 112.000 gamins dans nos différentes structures d'accueil et des effectifs d'enseignants moins importants que ces derniers. L'exemple de l'École où plus de 80% des gamins scolarisés sont issus de parents d'origine étrangère est assez saisissant. Pour faire face à cette situation, l'État a débloqué en 2019, dans le cadre du Contrat de Convergence et de Transformation (CCT) quelque 350 millions d'euros pour les seules constructions scolaires et secondaires afin d'accueillir tous les enfants qui sont présents sur le territoire et de supprimer les rotations scolaires. Il manquait à cette date quelque 600 salles de classe dans l'enseignement primaire et environ six collèges et autant de lycées. En 2024, il manque toujours plus de 1.200 salles de classe dans l'enseignement primaire, soit le double de 2019, et bien sûr des lycées et des collèges qui relèvent encore et heureusement de la compétence de l'État.

Ici à Mayotte, plus on édifie d'établissements scolaires, plus les enfants comoriens arrivent à longueur d'année. L'État doit avoir à l'esprit que, comme noté ci-haut, quelque 120.000 gamins attendent de l'autre côté du rivage, à Anjouan, pour venir faire à l'École chez nous, à Mayotte. Mayotte est le territoire où la rentrée scolaire est en continu. Entre fin août, date de la rentrée scolaire, et fin juin, date des vacances scolaires, le Recteur scolarise chaque jour des enfants venus d'ailleurs, surtout des Comores voisines, étant noté que certains établissements scolaires sont même dotés de « *classes internationales* » pour des élèves de plus de 10 ans incapables de s'exprimer en français, et qu'on découvre tel par enchantement dans les quartiers des « *banga* », des taudis dangereux.

C'est à la lumière de cette situation que le projet de Contrat de Convergence et de Transformation en cours de négociation devrait être signé d'ici la fin de l'année. Il est envisagé de budgétiser quelque 500 millions d'euros, affectés au financement des nouvelles constructions scolaires. Ici aussi, on note que non seulement le déficit en infrastructures n'est pas résorbé, mais bien plus, il s'est aggravé.

Cette situation crée un désaccord entre l'État et Mayotte : l'État considère qu'il fait beaucoup pour l'île ; ce qui n'est pas faux, mais les Mahorais considèrent que tous ces efforts ne bénéficient qu'aux étrangers (École, logements sociaux), tandis que rien n'est fait pour l'île, qui attend toujours les financements de ses principales infrastructures de développement durable promises depuis plusieurs décennies déjà. En

2018, les Mahorais étaient descendus dans la rue en vue de manifester contre l'immigration et l'insécurité. Dans sa réponse pour ramener la paix, ici, loin d'écouter les élus et la population civile en état de rébellion totale, le gouvernement n'écoutant que les associations favorables aux migrants, avait dégagé quelque 350 millions d'euros dans le cadre du CCT, pour construire des écoles, afin de réduire les rotations scolaires, c'est-à-dire la contrainte d'aller à l'école tantôt le matin, tantôt l'après-midi, pour les élèves, deux semaines sur quatre.

Ce programme de construction est arrivé à échéance sans qu'on sache très précisément le nombre de classes construites dans ce cadre. Actuellement, le préfet de Mayotte a reçu du gouvernement mandat de négocier avec le président du Conseil départemental en vue de l'élaboration du prochain CCT. De sources autorisées, l'on apprend que l'État prévoit à nouveau la mobilisation d'une dotation de 500 millions d'euros à cette fin pour la construction sur trois ans, de plus de 1.200 salles de classe qui manquent à l'appel. Dans le même temps, il annonce que l'enveloppe destinée à Mayotte pour ce prochain CCT serait de 800 millions. Dans trois ans, il manquera encore plus de 1200 salles de classe pour l'accueil de tous les enfants étrangers en âge d'être scolarisés. Cette politique-là est rejetée par les Mahorais, qui considèrent, à juste titre, qu'ils n'ont plus besoin de construire des écoles de cette ampleur, les infrastructures existantes étant à même d'accueillir tous les enfants de l'île.

Pour ce faire, encore faut-il que l'État soit attentif à leurs préoccupations. Malheureusement, de différents échanges ici et là, nous n'avons pas la sensation que le gouvernement soit accessible à de tels raisonnements. Il préfère écouter les sirènes des associations des migrants, et en même temps refuser ou retarder ce qui devrait être l'aménagement du territoire réclamé et proposé par les populations locales. Dans ce schéma-là, on retrouve le comportement du Recteur d'Académie, un comportement qui interroge sur plusieurs points. La question posée est de savoir pourquoi se comporte-t-il, on dirait, en Recteur des Comores, en lieu et place de Recteur de Mayotte. Il considère qu'il a pour mission – ce qui n'est pas faux – d'admettre dans tous ses établissements tous les enfants dont la loi prescrit l'admission. Sauf qu'il ne se contente pas de la seule obligation scolaire légale. Il ne se pose jamais la question de rupture d'égalité des chances que la situation opère au détriment des enfants mahorais vis-à-vis de leurs camarades sur le reste du territoire national. Son attitude et son comportement face au problème font qu'il n'existe plus à Mayotte de date fixe et précise de rentrée scolaire. Chaque jour, il propose dans des établissements l'admission de nouveaux élèves venant d'arriver, inscrits non pas en fonction de leur véritable niveau d'acquisition de connaissances, mais en fonction de leurs âge officiel qui, le plus souvent, peut être différent de l'âge réel, compte tenu de la falsification des documents administratifs étrangers ; ce qui participe à tirer vers le bas le niveau général des enfants, qui est déjà très faible.

Naturellement, les admissions dans les établissements scolaires sont prononcées sans la moindre vérification de l'authenticité des actes d'état civil, et ce, en violation totale des textes juridiques en vigueur. Le Recteur de Mayotte « *oublie* » et manque toujours de noter dans ses réflexions la situation de toutes ces familles mahoraises qui fuient la horde anjouanaise pour aller se réfugier à la Réunion ou confier leurs enfants à la famille installée là-bas. Jamais, un seul mot de compassion de sa part n'est relevé à ce sujet. Désormais, l'émigration de ces enfants mahorais à la Réunion pose les mêmes problèmes et produit les mêmes effets que l'envoi de jeunes Anjouanais à Mayotte. Il a également une seconde hantise : celle de la poursuite leurs études supérieures, c'est-à-dire bien au-delà de l'âge légal requis pour bénéficier de l'obligation de scolarisation : « *Il faut bien leur permettre de sortir de Mayotte et de poursuivre des études supérieures ailleurs* », en opposition à la législation en vigueur sur le séjour et qui refuse de reconnaître une quelconque validité aux titres des séjours délivrés par le préfet de Mayotte en dehors du territoire du département. Son comportement ici est semblable à celui de Médecins Sans Frontières, l'organisation non gouvernementale (ONG) qui a fait annuler la tarification à l'acte, pour encourager la venue des parturientes étrangères clandestines à la maternité de Mamoudzou.

Sans doute, le bon sens paysan peut-il l'entendre et le comprendre. En revanche, ce qui étonne, c'est que jamais, il n'a pu avoir le moindre mot de compassion pour les enfants de Mayotte. Je rêve de pouvoir entendre la sonorité de sa voix à propos de la construction de la cité universitaire qui est une urgence à Mayotte. Il oublie toujours de souligner la capacité de résilience des Mahorais, qui ont libéré plus de 80% de places disponibles dans les écoles, au profit de *ses* gamins comoriens.

Pour lui, manifestement, c'est normal, et il n'y a rien de choquant que les écoles mahoraises soient peuplées à plus de 100% par des enfants issus de l'immigration clandestine, à charge pour les jeunes de l'île de partir peupler des écoles de l'Hexagone et d'ailleurs. Leur déracinement ne l'interroge pas, pas plus qu'il ne le préoccupe. À l'évidence, il se trompe de poste car ici, nous attendons plus à avoir un Recteur de Mayotte pour développer l'enseignement local et s'inquiéter de sa réussite en lieu et place d'un Rectorat des Comores. Il n'a pas encore réalisé que Mayotte n'est pas comorienne, même si elle est juste voisine des Comores.

Le même constat d'échec peut être observé en matière de santé publique, dans la mesure où, outre le désert médical que connaît le territoire, les infrastructures d'accueil sont très insuffisantes ; les professionnels de santé sont submergés par le flot des patients à soigner gratuitement, à telle enseigne qu'ils invitent régulièrement les assurés sociaux locaux à recourir à la médecine de ville, et à défaut à se rendre par leurs propres moyens pour se faire soigner à la Réunion ou en Hexagone. Quant aux évacuations sanitaires, elles profitent en priorité et à plus de 80% aux patients étrangers et souvent irréguliers car clandestins déposés sur nos rivages la nuit par les « “kwassa” *sanitaires* ».

Oui, le second sujet d'étonnement et de préoccupation quant à la pertinence de la politique développée par l'État, dans la lutte contre l'immigration irrégulière, réside dans l'accès à la santé des migrants. Que cela soit clairement souligné : loin de moi l'idée de refuser l'accès à la santé des personnes dont le pronostic vital serait engagé ou dont la pathologie, non prise en charge à temps serait susceptible de provoquer un problème de santé publique. Mais, en deçà de ces limites, l'on pourrait parfaitement concevoir que la santé, à la lumière de l'Initiative de Bamako de 1972, soit payante. Telle n'est malheureusement pas la politique d'accès à la santé imposée à l'État par Médecins Sans Frontières. Ici encore, et à l'instar de la pratique assumée à l'hôpital de Mamoudzou, où toutes les personnes s'y présentant ont droit à l'accès à la santé gratuitement, les questions se posent.

Ici, nous sommes en présence de la deuxième politique publique attirant l'immigration et qui permet, y compris à ceux qui ont des simples céphalées ou qui ont les moyens de participer au financement de leur santé, de se rendre sur l'île de Mayotte pour se soigner gratuitement au motif fumeux que « *l'aspirine de Mayotte guérit mieux que celle d'Anjouan* », comme si Mayotte avait une industrie pharmaceutique et fabriquait des médicaments. Cet accès inconditionnel à la Santé publique gratuite produit au moins quatre conséquences déstabilisantes pour le système de santé propre aux Comores et représente un danger pour les patients de ce pays :

1.- La politique d'accès gratuit à la Santé publique a pour première victime la politique de l'État français en matière de lutte contre l'immigration clandestine. Ce point n'est plus contesté par personne. Après l'École gratuite, elle est un des gros aimants attirant l'immigration.

2.- Le deuxième désastre provoqué par cette politique est relatif au trafic de médicaments entre Mayotte et Anjouan. Des personnes résidant à Mayotte simulent des maladies, celles du *Malade imaginaire* de Molière. Elles consultent les médecins locaux, qui leur prescrivent différents médicaments dont la dispensation est gratuite et qui, en réalité, sont destinés à des personnes de la famille restées à Anjouan, que le médecin signant les ordonnances, de bonne foi, n'aura jamais vues. Cela, naturellement, met en danger la vie de ces personnes qui n'ont pas conscience que le médicament de la pharmacie est par nature, d'abord, et avant tout, « *un poison* » destiné à guérir des pathologies que seul le médecin peut connaître et identifier avant d'en ordonner la prescription, en tenant compte de facteurs médicaux objectifs, qui varient en fonction du patient, dans des conditions médicales réelles.

3.- La troisième préoccupation que ce trafic soulève est relative à l'impossibilité de continuer de construire une coopération sanitaire avec Anjouan, bien que souhaitable pour tous et par tous. C'est ce qui explique qu'au milieu des années 2000, le CHM, encouragé par le Conseil général de Mayotte et notamment par le président Younoussa Bamana et son vice-Président, le Docteur Martial Henry, avait mis en place une coopération sanitaire, avec la possibilité pour les autorités sanitaires d'Anjouan de prescrire des évacuations sanitaires au départ d'Anjouan vers Mayotte. Un protocole était bien rodé quand, peu après, cette convention a eu du mal à se mettre en œuvre. Elle est tombée en désuétude car il était plus facile pour les Comoriens d'Anjouan, une fois sur l'île de Mayotte, d'avoir accès gratuitement et sans conditions à un médecin et à la pharmacie. À Anjouan, des médecins ont fini par proposer à la vente dans leurs officines, en ville, les dotations de médicaments venant de Mayotte pour l'hôpital de Hombo, Mutsamudu. L'île d'Anjouan est aux Comores !

4.- Enfin, le dernier avatar de cette situation de gratuité réside dans l'admission de l'ensemble des femmes en couche à la maternité de Mamoudzou, alors même que la France a déployé une maternité à Domoni, en plus de la maternité de Mutsamudu, toujours à Anjouan. Au début de la mise en place de la Sécurité sociale à Mayotte, il avait été décidé de mettre en place la tarification à l'acte, au sein du CHM. Très rapidement, les médecins ont fait reculer le gouvernement, qui a instauré la gratuité *mortifère* qui participe à l'embolie de tout le système de Santé publique. Désormais, ils sont dépassés par le flot des patients qu'ils gèrent par des grèves et des droits de retrait à répétition. La situation, ingérable, les dépasse. Désormais, la maternité de Mamoudzou est bien reconnue comme la plus dynamique des hôpitaux français et européens, avec entre 10.000 et 12.000 naissances par an, dont 75% de celles-ci sont le fait des parturientes étrangères, très majoritairement en situation irrégulière. On dit dans un soupir et par dépit : « *Mayotte est désormais la plus grande maternité de France et d'Europe* ».

Enfin, une fois l'accouchement réalisé, les autorités de l'État ne se préoccupent plus du sort des mères. Elles ferment les yeux sur leur présence irrégulière sur le territoire, jusqu'à la scolarisation de leurs gamins, pour ensuite invoquer cet aspect pour justifier leur maintien sur le territoire et la régularisation de leur situation administrative, dans l'attente du 13ème anniversaire de leurs gamins, évènement devant être suivi de la demande par ceux-ci, par le biais de leurs parents, de la naturalisation et de la régularisation de la situation administrative de la mère, qui à son tour invoque le droit au regroupement familial.

Les fausses déclarations de « *maternité* », elles aussi, sont devenues une pratique courante, en voie de banalisation : moyennant une somme d'argent, de plus en plus forte, des femmes de nationalité française « *louent* » leurs documents administratifs français à des parturientes venues illégalement car clandestinement des Comores pour que leur bébé naisse « *Français* », et pour que le père « *sorte* » de son illégalité et clandestinité, en devenant subitement « *le père d'un enfant* "français" *né à Mayotte* », mais dans une illégalité totale. La régularisation de la mère biologique usant des documents administratifs français « *loués* » suivra celle de son époux.

Un autre point qui contrarie la politique de lutte contre l'immigration irrégulière a trait à l'accès au logement social. Les enquêtes sociales en vue de la mise en œuvre de l'opération « *Wuambushu* », au 2ème trimestre 2023, avaient montré que les bidonvilles entourant nos villages obéissent à la règle des « *3 tiers* ». Ces habitations sont occupées d'un tiers de nationaux français, d'un tiers de réguliers et d'un tiers d'irréguliers.

En revanche, ces statistiques ne précisent pas que le tiers des nationaux est également composé à moitié d'originaires de Mayotte et de l'autre moitié d'originaires des Comores, de sorte que l'accès au logement social profite peu ou prou à 70% de Comoriens d'origine, dont des Français, et seulement 30% des Mahorais d'origine.

Telle est la perspective assignée au programme de construction de logements sociaux : prendre de gré ou de force la propriété foncière de nos ancêtres pour y construire des logements sociaux, en vue de loger tous les étrangers, régularisés par suite d'un manque de volonté et réactivité des administrations publiques de reconduire aux Comores, le pays d'origine de la plupart de toutes celles et de tous ceux qui arrivent irrégulièrement à Mayotte.

Enfin, et comme si ce tableau n'était pas suffisamment apocalyptique, la surpopulation engendre une violence qui gangrène quotidiennement toute la société, avec des victimes que l'on découvre assez souvent sur le long de nos routes, à bord des plages, dans le bois, y compris devant nos divers établissements secondaires. Ce tableau est décrié par les élus de Mayotte de tous bords politiques depuis plusieurs années.

Et comme s'ils prêchaient sur un désert, ils ne sont guère entendus, sauf par ceux qui les méprisent et les insultent en les affublant de noms d'oiseaux quand ils ne les accusent pas de « *racisme* », de « *xénophobie* » et de marcher sur les plates-bandes du Rassemblement national (RN).

Alors que l'agression migratoire et le chaos d'insécurité se développent un peu plus chaque jour sur l'île, un nouveau réseau de trafics humains très actif est né depuis l'Afrique des Grands Lacs, en passant par la Tanzanie, Madagascar et les Comores. Or, les Africains arrivant massivement sur l'île de Mayotte sont bien connus quant à leur capacité guerrière et sont de plus en plus nombreux pour devenir une minorité visible et fort agissante. Ils ont décidé d'occuper le seul stade sportif de Cavani pour édifier un camp de migrants. Les riverains de ce camp se sont plaints à plusieurs reprises pour atteinte à leurs biens, à leurs personnes, sans grande réaction des pouvoirs publics, habitués toujours à réagir avec retard aux sollicitations des Ultramarins en général et des Mahorais en particulier.

Ce fut la goutte d'eau de plus qui a fait déborder le vase de la paix sociale en janvier 2024. Le quartier de Cavani, à Mamoudzou, est devenu une espèce de lieu de pèlerinage pour nos visiteurs politiques, qui venaient, à l'occasion de leur passage dans l'île, visiter le camp, à l'exemple de Gérald Darmanin et Mmes Marie Guévenoux, Yaël Braun-Pivet, la présidente de l'Assemblée nationale, Marie Le Pen, députée du RN.

Ayant compris que le salut ne viendrait pas de l'État en plus de la seule salive de leurs élus, qui n'ont jamais manqué l'occasion aussi bien au Sénat qu'à l'Assemblée nationale de souligner la détresse des populations locales, les Mahorais ont décidé de régler à leur façon le problème. Après la crise de 2018, qui avait paralysé l'île durant plus de 40 jours, c'est la deuxième fois qu'ils paralysent toute l'activité sociale et économique de leur île déjà en détresse sécuritaire ; ce qui constitue une espèce de suicide collectif. Les voilà donc enfin entendus par le gouvernement, qui s'est dépêché au bout de trois semaines de blocage pour proposer des solutions qui, au fond, sont celles exprimées par les parlementaires à plusieurs reprises depuis bien des années, et à plusieurs occasions à la tribune du parlement sans succès.

Évidemment, je ne puis que m'en réjouir même si au fond de moi-même, je regrette qu'il ait fallu en arriver là, à ces extrémités, pour pouvoir être entendu dans une République démocratique.

Je ne comprends pas l'intérêt du gouvernement d'affaiblir à ce point les corps intermédiaires et notamment les élus. Les conséquences de ces extrémités font que l'opinion publique a la sensation, à tort ou à raison, que ses représentants, *in fine,* ne serviraient à rien.

CHAPITRE VII. LE SALUT CONTRE L'IMMIGRATION ILLICITE NE VIENDRA GUÈRE DU QUAI D'ORSAY

Mayotte est une partie intégrante de la République, et ce, depuis 1841.

À la suite de l'adoption de la loi constitutionnelle du 28 mars 2003, qui a permis son inscription dans la Constitution de la République, j'avais écrit : « *Cette affirmation de notre appartenance à la France au sein de la loi fondamentale de la République porte en elle plusieurs significations et constitue à n'en point douter la victoire la plus éclatante de toutes celles et de tous ceux qui à Mayotte se battent depuis plusieurs décennies pour notre reconnaissance au sein de la grande famille française.*

Elle est un triomphe au sein même de la France, dans la classe politique comme au sein de la haute administration de tous ceux qui épousent l'aspiration des Mahorais. Elle est enfin un succès pour notre diplomatie qui a montré à travers ceci, qu'elle a des atouts quand elle veut, pour faire partager ses points de vue dans le monde mais qu'elle ne met pas toujours au service de la France pour de multiples raisons tenant à notre passé colonial et de la peur au ventre dans les mots de ce genre »[1].

---

[1] **Kamardine (Mansour) :** *J'assume,* Éditions Orphie « *Politique* », Collection « *Autour du monde* », Saint-Denis de la Réunion, 2008, p. 175.

Deux décennies plus tard, je conserve la même analyse, bien que je sois victime de mon enthousiasme débordant pour n'avoir pas compris que cette inscription dans la Constitution était loin de vaincre les réfractaires du Quai d'Orsay. Au fond, je me suis laissé emporter par ma naïveté car, en vérité, force est de constater que notre diplomatie ne s'est pas toujours montrée soucieuse de la protection de l'intérêt national territorial français, quand il s'agit de l'appartenance nationale de Mayotte à la République.

Cette incohérence face à ce sujet qui se situe au cœur même de l'intégrité territoriale et de la souveraineté nationale de notre pays et de ses frontières a été constatée avant le 6 juillet 1975, c'est-à-dire avant la proclamation unilatérale de l'indépendance des Comores.

Elle est une profonde incompréhension historique qui traverse les relations entre le Quai d'Orsay et les Mahorais. Celle-ci a été accentuée au lendemain du 6 juillet 1975, date à laquelle les Comores ont accédé à l'indépendance, et à la suite de deux événements particuliers, à savoir : le refus de réaction immédiate de notre diplomatie à la résolution 3385 du 12 novembre 1975 admettant les Comores aux Nations Unies comme entité qui serait constituée de quatre îles, dont Mayotte, en violation de l'article 4 § 2 de la Charte de l'ONU et des suffrages des Mahorais.

Devant le Conseil de sécurité comme devant l'Assemblée générale de l'ONU, la France s'est abstenue de prendre part au vote, au motif de ne pas gêner l'admission du nouvel État à l'ONU, donc dans le concert des nations. La déclaration de Louis de Guiringaud, alors représentant permanent de la France aux Nations Unies, avait consisté à énoncer et même à dénoncer « *une affaire dérisoire* », en parlant de Mayotte, en estimant que celle-ci était de nature à porter atteinte aux intérêts de la France, notamment en Afrique !

C'est dans ces conditions qu'est né le contentieux entre la France et les Comores sur Mayotte, que François Mitterrand, en visite à Moroni, le 13 juin 1990, avait qualifié de « *ce contentieux désagréable entre nous* ». En même temps, depuis 50 ans, un demi-siècle donc, qui nous séparent de la proclamation de l'indépendance des Comores, des avancées timides d'affermissement de l'appartenance de Mayotte à la France ont été acquises par le Quai d'Orsay contre l'Union des Comores.

Bien que ces réelles avancées sont dérisoires par rapport aux menaces qui guettent la souveraineté française et la société mahoraise, le Quai d'Orsay préfère regarder ailleurs.

Ces menaces sont multiples et multiformes, mais la plus tangible reste la submersion migratoire à Mayotte, qui permet aux Comores de prendre le contrôle de Mayotte par divers subterfuges liés à l'immigration illégale car clandestine, au détournement du droit du sol, de sorte qu'au plan national, de plus en plus d'opposants au maintien de Mayotte dans la France savent que désormais, le largage de Mayotte peut être probable.

C'est une simple question de temps. De façon cynique, ils s'opposent à tout contrôle de l'immigration comorienne vers Mayotte et sont absolument favorables à l'intensification des constructions scolaires et des logements sociaux, toujours dans le souci d'accueillir plus de Comoriens. D'autres, plus sincères, mais préoccupés par le respect des grands principes et valeurs de la République, considèrent qu'il n'y a pas de marge d'action, si ce n'est de continuer les mêmes politiques publiques mortifères développées localement, en considérant comme une chance que des étrangers deviennent Français. Cela est sans doute vrai, mais s'agissant de Franco-comoriens dans l'affaire de l'île de Mayotte, c'est un désastre car, dans leur ensemble, ils estiment que les Mahorais peuvent choisir d'être Français comme eux-mêmes mais que, en tout état de cause, « *Mayotte reste et doit être une terre comorienne* », au nom de leur slogan éculé : « *Mayotte est comorienne et le restera à jamais* », car c'est « *l'île* "sœur" *de Mayotte* », c'est

« *l'île comorienne de Mayotte* ». Je l'ai dit, par ailleurs, que l'une des grandes divergences que nous avons avec eux, c'est qu'ils savent bien caresser la nationalité française alors que les Mahorais aiment la France et lui ont offert volontairement leur île. Du reste, j'avais dit dans une sorte de boutade : « *Les Mahorais aiment la France, les Comoriens sont amoureux de la nationalité française* », y compris surtout leurs dirigeants.

C'est là également que se situe l'une des divergences profondes entre les Mahorais et le Quai d'Orsay.

En juin 1975, Olivier Stirn avait proposé l'accession des quatre îles de l'archipel des Comores à l'indépendance, mais avec la contrepartie pour les Mahorais de pouvoir demeurer Français, et pour la France de pouvoir bénéficier d'un contrat d'implantation d'une base navale à Dzaoudzi. C'est cette logique, finalement plus de 50 ans plus tard que soutient encore la diplomatie française, dont l'ADN est : « *Pas de vagues !* », surtout quand il s'agit de l'affaire jadis qualifiée de « *dérisoire* » par Louis de Guiringaud.

Lors de l'instauration des relations diplomatiques, en 1979, entre la France et les Comores, le Quai d'Orsay avait nommé le professeur Pierre Vérin premier chargé de la Mission de Coopération française. Le chercheur avait alors remarqué, s'agissant des Comoriens : « *Ils avaient recours au* mkarakara *banal, terme introduit par les réfugiés de Madagascar qui désigne les* "magouilles" *de tous ordres, ou bien ils cherchaient à émigrer à Mayotte ou en* métropole, *car c'était bien le terme que ces candidats au départ employaient encore plusieurs années après l'indépendance. Le consul de France voyait, dès l'aube, affluer dans son jardin ces files de solliciteurs qui refusaient à croire que le OUI à l'indépendance à 97% à la Grande Comore avait eu pour effet de les priver du passeport français* »[1]. Ces afflux perdurent : les Comoriens rêvent de « *leur métropole* » !

[1] **Vérin (Pierre) :** *Les Comores,* Karthala, Collection « *Méridiens* », Paris, 1994, p. 18.

Plus que jamais, j'ai cette conviction, malgré des efforts accomplis et des victoires remportées dans la défense de la francité de Mayotte, dont les plus marquants restent sans doute : la délimitation de l'espace maritime français à partir de Mayotte ; l'opposition nette de la France à la délivrance d'autorisations d'exploration pétrolifères et gazières par les Comores dans les eaux françaises à Mayotte.

Pour le reste, notre diplomatie considère comme une grande victoire chaque fois que la question de Mayotte n'est pas inscrite à l'ordre du jour de l'Assemblée générale de l'ONU depuis 1996. En contrepartie de cette non-inscription, la France ferme un peu trop facilement les yeux, acceptant ainsi pour les Comores l'inacceptable sur les atteintes à l'État de Droit, à la démocratie et aux droits de l'Homme et aux libertés fondamentales les plus élémentaires. Elle continue à leur verser d'importants subsides financiers au titre de la coopération bilatérale, sans se soucier, ni de la protection des droits humains dans ce pays, ni du respect par les Comores de leurs engagements vis-à-vis de la lutte contre l'émigration irrégulière comorienne vers Mayotte.

Dans le même temps, elle reste tétanisée à l'idée que les Comores puissent s'opposer à la réelle réadmission de leurs ressortissants sur leurs îles dans le cadre de la lutte contre l'immigration clandestine à Mayotte. Bref, pris entre l'étau comorien et mahorais, la France a pour seule initiative pour calmer la colère des Mahorais, de faire de la gesticulation dramatique sur place.

C'est cette politique de semblant d'agitation marquée qui est en cours. Mais, la vraie action de l'État s'est manifestée depuis toujours par les discours de nos ambassadeurs aux Comores, qui soutiennent l'idée de ne pas trop développer l'île de Mayotte pour éviter de creuser davantage l'écart de développement entre elle et les Comores ; ce qui rendrait plus délicate la perspective de cession de Mayotte aux Comores. C'est également dans cet état que doit être lue, entendue, et comprise l'intervention du conseiller diplomatique du préfet de Mayotte en date du 6 mars 2024 devant des étudiants mahorais à l'Université de Mayotte.

Cette conférence sur la diplomatie fut certes d'un très bon niveau. Après avoir défini ce que sont la diplomatie et les relations internationales, le conférencier s'est attardé sur les résultats obtenus par le Quai d'Orsay sur le contentieux entre la France et les Comores dans l'affaire de Mayotte. Il a, en outre, souligné les évolutions des dossiers mahorais qui sont susceptibles de relever du ministère des Affaires étrangères, notamment les questions de l'adhésion de Mayotte à la Commission de l'océan Indien (COI), la participation des Mahorais aux Jeux des Îles de l'océan Indien, l'opposition des Comores de voir les Mahorais arborer le drapeau français ou chanter la Marseillaise à l'occasion de ces Jeux, ou encore, l'attribution de l'organisation à Mayotte des Jeux des Îles de l'océan Indien en 2036. Il a regretté le silence taiseux et l'absence de réactions de la part des Mahorais, alors que c'est, pour lui, une très belle victoire diplomatique. Il a, enfin, en guise de conclusion à son excellente intervention, invité les Mahorais à regarder dans leur voisinage immédiat, et notamment ce qui se passe à Dubaï où, selon lui, ils se rendent souvent. Il a cité le cas des Émirats Arabes Unies en précisant que les citoyens de ce pays représentent seulement 10% de la population totale, sans que cela ne pose quelques difficultés particulières, toujours selon ses dires.

En un mot et sans le dire, le diplomate reproche aux Mahorais d'être « *des racistes* » et « *des xénophobes* », en tout état de cause, de ne pas accepter les immigrés. Bien évidemment, en bon diplomate, l'intéressé avait alors pris la précaution en préambule de son intervention de préciser qu'il « *parle ici en son nom personnel et ne représente aucune entité officielle* ». Dont acte. Mais, il n'empêche que cette déclaration est lourde de conséquences. Elle permet de saisir que tant que la conception que notre diplomatie a sur la question de Mayotte sera de ce niveau, nous ne gagnerons pas définitivement la bataille de la souveraineté française sur Mayotte face aux Comores.

La déclaration faite à l'Université de Dembeni fait écho à celles faites par nos ambassadeurs en Union des Comores, eux qui, systématiquement en fin de séjour, invitent la France à ne pas creuser l'écart de développement entre Mayotte et les îles voisines afin de laisser une chance à « *l'unité de l'Archipel* ». En tous les cas, cette comparaison en matière de développement n'est pas raison et, à l'évidence, le diplomate se trompe lourdement sur plusieurs points, à commencer, par exemple, sur le fait qu'à la différence de Mayotte, une île revendiquée par les Comores, les Émirats Arabes Unis ne sont contestés et revendiqués par aucune puissance étrangère. Ensuite, le diplomate oublie un autre point, tout aussi majeur, à savoir que les personnes présentes sur le sol des Émirats Arabes Unis viennent de 200 pays, alors qu'à Mayotte, elles viennent d'un seul et unique pays. Ces étrangers n'ont aucun statut juridique et social particulier, à la différence des Comoriens qui s'installent illégalement à Mayotte. Ces derniers ont vocation à être régularisés, à avoir tous les droits sociaux que les Français et à prétendre à la nationalité française. Cette situation est totalement différente de celle des migrants qui sont installés aux Émirats Arabes Unis.

Mais, plus encore, manifestement, le diplomate du Quai d'Orsay a parlé d'un sujet et deux situations sans lien et sans commune mesure.

De fait, peut-on ou doit-on comparer les deux situations démographiques de deux pays aux systèmes juridiques totalement différents à la lumière des données migratoires entre Mayotte et des Émirats Arabes Unis ? Naturellement, non. Une telle comparaison ne repose sur aucune donnée objective. Les situations migratoires à Mayotte et aux Émirats Arabes Unis n'ont rien en commun sauf peut-être le fait qu'il s'agit à chaque fois de populations étrangères qui viennent s'installer dans un pays étranger, mais, à Mayotte, le plus souvent, dans l'illégalité à l'entrée et durant le séjour, à aux Émirats Arabes Unis, dans une légalité totale, à l'entrée et durant le séjour. Les étrangers vivant aux Émirats Arabes Unis ne viennent pas d'États hostiles revendiquant comme leur le pays d'accueil et de résidence. Ils n'ont pas la possibilité d'accéder un jour à la nationalité de l'État de résidence et ne bénéficient pas des droits auxquels peuvent prétendre à Mayotte les étrangers.

D'une certaine façon, aux Émirats Arabes Unis, les personnes d'origine étrangère ne peuvent prétendre à aucun statut juridique.

D'autres réalités sont à noter en ce qui concerne ce pays. Parmi elles, rappelons l'esclavage infligé à un certain nombre d'étrangers y vivant, puisque dépendant du bon vouloir de leurs « *sponsors* » des Émirats Arabes Unis, qui disposent de leur personne, de leur liberté et de leur vie à leur guise (certaines affaires défrayant la chronique internationale et suscitant une réprobation et une mobilisation à travers le monde), l'absence pour les étrangers d'une pension de retraite après des décennies de labeur, l'impossibilité pour les étrangers de jouer sur place un quelconque rôle politique. Le Droit français ouvre de larges perspectives juridiques aux étrangers à Mayotte qu'on ne retrouve guère aux Émirats Arabes Unis, un pays aux mœurs juridiques et politiques complètement différentes.

Pis, les Émirats Arabes Unis transforment leurs propres ressortissants en « *Bidoun* », en « *Sans* », à des apatrides donc, à qui ils refusent leur propre nationalité. En réalité, jusqu'à une certaine mesure, on peut parler de responsabilité partagée, en ceci que, nombre de « *Bidoun* » avaient refusé eux-mêmes de quitter leur vie de nomades dans le désert et d'adopter le nouveau mode de vie, en ville. En même temps, leur pays ne les a guère aidés à être des citoyens des Émirats Arabes Unis, en leur expliquant les subtilités juridiques liées à l'entrée dans la nouvelle ère. Les dirigeants ont voulu en faire des apatrides et sont arrivés à cette fin. La très controversée et polémique « *citoyenneté économique* » des Comores, dont la loi n'a jamais été votée à l'Assemblée de l'Union des Comores, a été mise en place dans ce dernier pays en 2008 pour faire de ces Émiratis transformés en apatrides par leur propre pays des « *citoyens des Comores* », un pays dont ils ignorent jusqu'à la situation géographique, sur une carte du monde, par octroi d'une nationalité achetée dans le cadre d'un commerce ayant donné lieu à un immense trafic complètement opaque, illégal, parallèle, personnalisé, souvent échappant à tout contrôle, s'étendant au Koweït, au Qatar et à Oman, en enrichissant considérablement certaines autorités des Comores, dans une illégalité totale connue de tous à travers le monde entier.

Aux Émirats Arabes Unis, plus de 100.000 personnes « *seulement* » devaient être concernées par « *la citoyenneté économique* » comorienne, mais, depuis 2008, la demande de documents administratifs des Comores à leur endroit n'a jamais tari. Certains des « *Bidoun* » sont des riches, mais qui ne peuvent pas voyager en dehors de leur pays, en ceci qu'ils étaient dépourvus de toute nationalité, et donc de documents de voyage. Ils ont fini par adopter un mode de vie sédentaire, en ville, mais sans les documents administratifs comoriens, ils restent des apatrides dans leur propre pays.

Qui plus est, alors que Mayotte est une petite île d'une superficie de 374 km², il en est autrement des Émirats Arabes Unis, un pays de 83.600 km². Dans ce pays du Moyen-Orient, nul n'est capable de vivre en clandestin à cause du caractère policier du régime politique en place, alors qu'à Mayotte, ce sont les clandestins restés dans l'illégalité, régularisés par le port de la carte de séjour territorialisée et même naturalisés qui forment désormais la partie la plus importante de la population.

Dès lors, aux Émirats Arabes Unis, les étrangers sont plus nombreux que les autochtones parce que les dirigeants locaux le veulent, pour pouvoir disposer d'une main-d'œuvre servile et à bas prix. Celle-ci ne peut provenir que de l'étranger. Et, aucun étranger n'a la possibilité de se livrer à des actes illicites, d'incivilités, de délinquance et de criminalité dans ce pays très soucieux du maintien de son ordre public, et dont, dans aucun recoin, il n'y a d'existence et promotion de la notion de droits de l'Homme.

En invoquant la comparaison entre les deux situations migratoires, mahoraise et émiratie, le Quai d'Orsay cherche à faire valoir « *l'argument* » de « *racisme* » et de « *xénophobie* » de Mayotte pour faire accepter la submersion migratoire aux Mahorais. Heureusement, ces derniers ne sont pas dupes, comme en témoignent leurs questions lancinantes sur les intentions de leur diplomatie.

Le 3 avril 2018, j'ai eu à interpeller le gouvernement sur ses négociations avec les Comores, jugeant celles-ci néfastes pour Mayotte, à tous points de vue : « *Alors que la lutte contre l'immigration clandestine est en échec à Mayotte, du fait du refus des autorités comoriennes d'accéder – ce qui est un comble – à l'admission de leurs propres ressortissants sur leur territoire, l'action diplomatique de la France vis-à-vis des Comores est interrogée.*

En effet, la diplomatie française met de nouveau sur le tapis cette vieille idée de "l'archipel des Comores" *dans laquelle serait incluse Mayotte et son corollaire la feuille de route vers la libre circulation des habitants entre les différentes îles. La substitution de populations qui conduirait les Mahorais à être déjà minoritaires aujourd'hui dans le 101ème département français du fait d'une politique de lutte contre l'immigration volontairement inefficace depuis 2012, ne peut que s'aggraver avec la libre circulation entre les îles. La mise en place d'une* "Communauté de l'archipel" *revient donc à donner Mayotte en viager aux Comores et à noyer une partie de la communauté nationale dans la population d'une puissance étrangère. C'est inacceptable !*

Mayotte n'est pas un lopin de terre qu'on peut céder pour 1.000 piastres. Les Français de Mayotte ne sont pas des bestiaux qu'on abandonne à une puissance étrangère par faiblesse diplomatique ».

Bien que la feuille de route mortifère de 2017 fût retirée de la table des négociations entre la France et les Comores, je constate tout de même que le Quai d'Orsay n'a pas renoncé à caresser son espoir secret de larguer Mayotte pour s'assurer une paix durable à l'Assemblée générale de l'ONU, sur le dos de la Constitution de la République et sur celui des différents instruments juridiques internationaux proclamant de la façon la plus solennelle le droit à l'autodétermination ou droit des peuples à disposer d'eux-mêmes.

Dans la résolution 1514 (XV) du 14 décembre 1960 dite « *Déclaration sur l'indépendance aux pays et aux peuples coloniaux* », l'Assemblée générale des Nations Unies agrée et reconnaît même aux « *petites nations* » comme Mayotte le droit de choisir de façon tout à fait libre leur statut juridique et politique national et international, étant « *consciente de ce que les peuples du monde se sont, dans la Charte des Nations Unies, déclarés résolus à proclamer à nouveau leur foi dans les droits fondamentaux de l'Homme, dans la dignité et la valeur de la personne humaine, dans l'égalité des droits des hommes et des femmes, ainsi que des nations, grandes et petites, et à favoriser le progrès social et instaurer de meilleures conditions de vie dans une liberté plus grande* ».

N'est-ce pas ce que demandent les Mahorais ?

Il ne serait sans doute pas superfétatoire de rappeler également aux diplomates du Quai d'Orsay la résolution 1541 (XV), adoptée le 15 décembre 1960 par l'Assemblée générale de l'ONU, intitulée « *Principes qui doivent guider les États Membres pour déterminer si l'obligation de communiquer des renseignements prévue à l'alinéa* e *de l'article 73 de la Charte, leur est applicable ou non* ». Le Principe VI de cette résolution conforte parfaitement le choix de la France par Mayotte, donc de Mayotte dans la France, en ceci qu'il proclame : « *On peut dire qu'un territoire non autonome a atteint la pleine autonomie :*

a.- Quand il est devenu État indépendant et souverain ;

b.- Quand il s'est librement associé à un État indépendant ou

c.- Quand il s'est intégré dans un État indépendant ».

Nous retrouvons le même principe de Droit international public dans la résolution 2625 (XXV) qui a été adoptée par l'Assemblée générale de l'ONU le 24 octobre 1970, laquelle résolution est intitulée « *Déclaration relative aux principes de Droit international touchant les relations amicales et la coopération entre les États conformément à la Charte des Nations Unies* ». Cette résolution signale, en effet : « *La création d'un État souverain et indépendant, la libre association ou l'intégration avec un État indépendant ou l'acquisition de tout autre statut politique librement décidé par un peuple constituent pour ce peuple des moyens d'exercer son droit à disposer de lui-même* ».

Le Quai d'Orsay a-t-il choisi d'ignorer tous ces principes de Droit international public en faveur de Mayotte ?

En tout état de cause, les Mahorais restent vigilants face aux louvoiements, atermoiements et incohérences du Quai d'Orsay, conscients que celui-ci ne leur sera d'aucune aide pour mettre fin à l'agression migratoire et au détournement du droit du sol, ce dernier étant l'un des facteurs d'attrait sur les Comoriens par leur île.

Les Mahorais sont parfaitement conscients que le salut contre l'immigration illégale comorienne ne viendra pas du Quaid'Orsay, mais de leur mobilisation contre la submersion migratoire, une grave agression contre eux, parce que dirigée contre leur île.

C'est aussi l'analyse du Professeur Daniel Dormoy dans une note qu'il a adressée à la Mission d'information sur Mayotte[1].

Il me semble donc que la question fondamentale n'est pas seulement de lutter contre l'immigration à Mayotte, mais de s'opposer surtout avec vigueur à la prétention des Comores, qui revendiquent illégalement leur souveraineté sur Mayotte, depuis 1975, soutenue par l'ONU et l'Organisation de l'Unité africaine (OUA), devenue Union africaine (UA).

La question est plus une question de politique étrangère, qui va au-delà de la nécessité vitale de supprimer le droit du sol. Cela conditionne les initiatives à prendre pour que l'île de Mayotte puisse exister, sur le plan international autant que sur le plan régional, en tant que département français. Tant que ce problème ne sera pas bien résolu, « *l'attractivité* » de Mayotte sur les Comores ne pourra pas vraiment être traitée de manière réaliste. Donc, le Quai d'Orsay a mieux à faire que de céder aux pressions hégémoniques des Comores.

Malheureusement, au vu de la déclaration du conseiller diplomatique du préfet de Mayotte, tout laisse à penser que telle n'est point la direction prise actuellement par le Quai d'Orsay !

Nous voici devant une question centrale, celle de la capacité d'influence de notre diplomatie, particulièrement en Afrique, où, paraît-il, existait un « *pré carré francophone* », sur laquelle cette influence était considérée comme édifiante et déterminante. En réalité, cette dernière, réduite à une peau de chagrin, n'est que l'ombre d'elle-même.

J'ai déjà eu l'occasion d'évoquer le sujet, et cela, lors séance du 1er février 2022 à l'Assemblée nationale, au cours d'un débat ayant porté sur l'« *influence de la diplomatie française* ». Je m'étais alors adressé à Jean-Yves Le Drian, ministre de l'Europe et des Affaires étrangères, et ce, en ces

---

[1] Note d'analyse inédite de M. Daniel Dormoy, Professeur de Droit, note en date du 10 avril 2024.

termes : « *À l'occasion du débat de ce jour sur la feuille de route de l'influence de la diplomatie française, nous ne pouvons que constater une inquiétante contestation de notre action en Afrique subsaharienne, en particulier au Sahel, comme en atteste l'annonce, hier, du renvoi brutal de notre ambassadeur au Mali. Pourtant, dans les dix lignes de force de la feuille de route, l'Afrique subsaharienne est clairement affichée comme une zone de priorité géographique ; la lutte contre les manipulations de l'information est inscrite parmi les six priorités stratégiques. Notre amicale influence et l'affirmation de la part d'africanité de la France semblent rencontrer une forte adversité parmi les peuples du Sahel, comme en attestent la situation au Mali et les manifestations antifrançaises, notamment au Niger, sur fond de manipulation des informations. Notre diplomatie semble de plus en plus souvent surprise par la réalité des situations dans les pays amis d'Afrique subsaharienne, et impuissante à anticiper : pouvoir centrafricain se tournant vers le mercenariat, putsch au Mali, putsch en Guinée, putsch au Burkina Faso. Monsieur le ministre, la feuille de route définie en 2019 semble rencontrer de grandes difficultés pour porter ses fruits : prenons donc garde à ce qu'elle ne se transforme pas en déroute.*

Afin de recouvrer une crédibilité, d'éviter que notre influence ne s'effondre comme un château de cartes, et de susciter de nouveaux sentiments d'amitié avec les peuples, je prends la liberté de vous faire des suggestions. Tout d'abord, il est urgent de porter un soin particulier à la constitution d'équipes dans nos postes diplomatiques à même d'établir une synthèse des situations proche des réalités du terrain.

Deuxièmement, il est incontournable que la France se mette au diapason des aspirations des peuples d'Afrique subsaharienne : à cet égard, il semble que les opinions locales au Burkina Faso réclament davantage de pouvoir. Pouvez-vous nous préciser les initiatives susceptibles d'être entreprises pour les soutenir dans leur volonté de recouvrer la maîtrise de leur territoire et de reconstruire l'État ?

Monsieur le ministre, selon les enseignements de Nelson Mandela et de Kwame Nkrumah, ce qui se fait dans le peuple sans le peuple se fait contre les peuples. Ne faisons pas pour les peuples, mais aidons-les à réaliser les destins qu'ils se donnent : être au diapason des peuples et les accompagner dans la voie qu'ils choisissent ; telle doit être notre feuille de route ».

Depuis, les évènements en corrélation entre la France et ses partenaires d'Afrique, surtout francophone, m'ont, hélas ! donné raison à plusieurs reprises, et rien n'est fait pour y remédier. On peut alors se poser d'utiles et lancinantes questions sur ce que fait réellement le Quai d'Orsay pour défendre les intérêts nationaux de la France face aux autres membres de la communauté internationale. Dans la défense internationale des intérêts nationaux de la France, le statut juridique français de Mayotte occupe une place centrale.

CHAPITRE VIII.
MAYOTTE,
TERRITOIRE DE TOUTES LES CRISES

L'île de Mayotte, c'est aussi le territoire par excellence de toutes les crises : migratoires, sanitaires, démographiques, sécuritaires, hydriques et sociales. Elle est une île surpeuplée, avec des enjeux démographiques particuliers. Sa population actuelle est estimée à plus de 341.000 habitants, dont plus de la moitié est d'origine étrangère, particulièrement d'Anjouan, l'une des trois îles qui forment l'Union des Comores. Mise à part la région Île-de-France, Mayotte est densément la zone la plus peuplée de France, avec une densité de 855 habitants au km^2 en 2017. Sa population a quadruplé en un peu plus de 30 ans, passant de 91.000 habitants en 1991 à quelque 341.000 habituellement actuellement, un chiffre d'ailleurs très en deçà de la population réelle.

Cette population est caractérisée par sa jeunesse, la plus importante de toute la France, car plus de 50% de celle-ci a moins de 17 ans. Elle est aussi le territoire où la pauvreté est la plus prégnante, la plus omniprésente. Plus de 77% de ses habitants vivent sous le seuil français de pauvreté, et plus de 40% du seuil international de pauvreté. Les conséquences de cette situation sont sans appel :

- crise sanitaire avec la Covid-19 en 2020 et 2021, le choléra depuis le deuxième trimestre 2024 ;
- crise hydrique, depuis 2023, avec un accès à l'eau rationnée jusqu'à un jour sur trois, avec tout de même une nette amélioration depuis décembre 2023, après une saison de pluies heureusement bien arrosée et généreuse ;
- crise migratoire caractérisée par une arrivée agressive, massive, continuelle et permanente de migrants venus de pays de notre environnement immédiat, avec en tête, les Comores et Madagascar, mais également depuis l'Afrique des Grands Lacs, malgré la crise hydrique ;
- une crise sécuritaire caractérisée par un caillassage au quotidien des forces de sécurité intérieure, le caillassage au quotidien et en permanence des bus scolaires, mettant en grave danger les enfants se rendant dans nos différents établissements scolaires, nonobstant la mobilisation de moyens importants des forces de sécurité intérieure sur les routes et devant les établissements scolaires ;
- affrontements entre bandes rivales et entre communautés villageoises ;
- ce sont, enfin, des crises sociales à répétition, portées par les Collectifs citoyens mahorais pour dénoncer l'invasion migratoire subie et l'insécurité démentielle subséquente.

Sur ce point, je relève qu'en 2018, et durant 41 jours, les populations locales sont descendues dans la rue pour réclamer plus de sécurité pour leurs enfants dans les écoles, pour eux-mêmes sur les routes et pour leurs biens dans leurs maisons et dans leurs champs.

En réponse à cette crise, le gouvernement a répondu à coté, par des constructions scolaires pour accueillir toujours plus d'enfants immigrés, de logements sociaux pour mieux régulariser et loger les migrants clandestinement qui se sont imposés clandestinement à Mayotte. Les objectifs poursuivis par ces politiques publiques interrogent parce que, plus l'on accueille d'enfants des clandestins dans les écoles, plus leurs familles viennent les déposer sur nos rivages, avec l'aide des « *Kwassa Kwassa* ». Actuellement, ce sont plus de 120.000 gamins d'Anjouan qui attendent impatiemment sur leur île l'occasion d'arriver à Mayotte. Au surplus, plus les autorités préfectorales régularisent les migrants irréguliers, plus elles doivent construire des logements sociaux pour les loger, et plus elles les logent, plus les migrants clandestins arrivent et, plus ils arrivent, plus l'État mobilise des forces de l'ordre pour lutter contre l'immigration irrégulière.

Nous avons l'impression – et même la certitude – de vivre un système à la dérive, hors de tout contrôle. En un mot, les politiques publiques développées à Mayotte sont inadaptées à une politique sérieuse et efficace de lutte contre l'immigration de masse. On a beau chercher la cohérence d'ensemble d'un tel comportement, sans succès. Bref, à bien examiner la situation, on a la nette impression d'assister au comportement d'un État extrêmement riche au point qu'il est disposé à jeter par la fenêtre son argent, à le dépenser sans compter. Sinon, comment comprendre que cet État continue à construire des équipements pour accueillir tous ceux qui arrivent clandestinement à Mayotte, pendant qu'il mobilise des forces pour lutter contre l'immigration ?

Pendant ce temps, ce même État s'abstient de réaliser les infrastructures porteuses de développement durable pour Mayotte. Ce qui a pour conséquence majeure de maintenir l'île dans un état de sous-développement chronique afin d'éviter les écarts de niveau entre le département de Mayotte et celui des pays riverains. Désormais, de plus en plus de voix s'élèvent au plan national pour demander un chiffrage précis du coût de l'immigration à Mayotte dans le budget de l'État.

Mayotte, c'est également le territoire dont le niveau de développement est le plus faible de l'ensemble du territoire de la République : près de 30% de ses habitants vivent dans des bidonvilles appelés « *banga* », sans eau courante, ni réseau d'assainissement, ni toilettes, ni hygiène, ni électricité, ni le moindre confort. C'est le territoire où l'assainissement est inexistant, nonobstant les obligations européennes de la France dans ce domaine. C'est donc un territoire propice à toutes les crises sanitaires liées à l'hygiène. C'est le territoire dont le taux d'équipements est le plus faible de pays. Si les chiffres officiels indiquent une population officielle totale de 341.000 habitants en janvier 2024, dont 50% d'autochtones et 50% d'étrangers, la population réelle se situe au-dessus de 450.000 habitants dont 1/3 de nationaux, 1/3 de réguliers et 1/3 d'irréguliers.

Au total, deux habitants sur trois à Mayotte sont des migrants. Par extrapolation à l'échelle nationale, ce serait 44 millions de migrants sur une population nationale de 68 millions d'habitants, dont la moitié en situation irrégulière. Les Mahorais ont peur et quittent massivement leur île, le territoire de leurs ancêtres : peur de perdre leur vie ou celles de leurs enfants, de perdre la terre de leurs ancêtres, de perdre leur culture, remplacée par la culture anjouanaise, et de perdre leur souveraineté, c'est-à-dire de voir arriver à la tête de leurs communes, de leur Conseil départemental et au parlement national des élus sans doute français, mais issus dans leur immense majorité de l'immigration clandestine, c'est-à-dire cette population même avec laquelle ils refusent de partager un même destin depuis plus de deux siècles.

C'est cela qui explique dans une très large mesure les crises sociales auxquelles l'île est confrontée depuis bien des années : 1989, 2012, 2018 et 2024. Les Mahorais refusent d'être Comoriens, ils refusent d'être administrés par leurs bourreaux historiques et actuels.

À la suite de la grave crise de 2018, l'État a proposé des solutions de sortie de crise. Ces solutions ont pour l'essentiel amélioré les conditions d'accueil des migrants sur notre sol, tout en leur refusant l'accès au territoire hexagonal. C'est la même démarche qui prévaut actuellement à la suite de la crise de février à mars 2024. Le gouvernement propose des mesures fortes, dont la fin du droit du sol plébiscitée au plan local, et la fin du titre de séjour territorialisé, en même temps qu'il persiste dans ses erreurs de construire plus d'écoles pour toujours accueillir plus d'enfants comoriens, de sorte que d'ici à 10 ans, nos écoles seront peuplées à plus de 90% d'enfants de parents étrangers, majoritairement clandestins, tous en provenance d'un même pays et d'un même peuple : le peuple d'Anjouan.

Dans le même temps, l'État refuse d'engager le véritable développement durable de Mayotte, qui est le territoire au taux d'équipements le plus faible de l'ensemble national. Cette politique du court terme se dessine chaque jour un peu plus sur le territoire. Sauf à prendre garde, elle est aussi celle qui se profile à l'horizon pour l'Hexagone, avec le déni qui frappe le regard naïf ou suicidaire de la classe politique nationale. En ce domaine, la seule différence entre Mayotte et le reste du territoire national réside dans le fait que les changements en perspective concernent la submersion bien organisée par un peuple unique sur le peuple mahorais alors qu'en métropole, la source de peuplement migratoire est diversifiée, provenant de divers pays d'Afrique et d'Europe de l'Est, étant précisé que dans un demi-siècle, les prévisions migratoires démographiques connues et venant d'Afrique laissent penser que finalement la nation dans son ensemble suivra le sort que la République réserve à Mayotte.

Enfin, dans l'immédiat, l'Hexagone n'a pas la contrainte de la superficie géographique à la différence de la petite île de 374 km^2 qu'est Mayotte. C'est de cet état réel d'abandon que le Sénat a décidé du suivi du dossier de Mayotte dès 2008.

CHAPITRE IX.
DU VÉCU À L'AVENIR ;
LA CHASSE AUX BLANCS

En 2008, les Comores sont menacées dans leur unité nationale, après une crise séparatiste ayant éclaté à Anjouan en février 1997. Le colonel Mohamed Bacar, chef de l'exécutif d'Anjouan, refuse de quitter le pouvoir à Anjouan à la fin de son mandat. Il refuse d'organiser de nouvelles élections démocratiques, défie le pouvoir de l'Union des Comores et menace l'unité de cet État. La France apporte son soutien aux autorités de l'Union des Comores pour le déloger militairement et en même temps décide de l'exfiltrer. Il atterrit à Mayotte. Les Comoriens présents dans l'île, surtout d'Anjouan, se soulèvent, prennent alors le contrôle de la communauté départementale et menacent de mort les Blancs et les Mahorais. Voici comment les évènements ont été vécus par la presse.

Les « *événements Bacar* » de 2008 avaient surpris tout le monde, en permettant de faire prendre conscience du poids réel de l'immigration comorienne dans l'île puisque, pendant plusieurs heures, voire pendant plusieurs jours, les immigrés anjouanais avaient pris dans la violence, le contrôle de la communauté départementale.

Voici la description faite par la presse locale à l'époque : « *La situation vire à cet instant au cauchemar. Les assaillants, déterminés à en découdre, s'en prennent à tous les* Mzungus[1] *qui circulent sur Mamoudzou et ses alentours. Toujours aucune intervention des forces de l'ordre à l'horizon. La capitale est sous le contrôle des clandestins. Un jeune métropolitain est passé à tabac à la rocade de Mamoudzou. Son scooter est traîné jusqu'à la devanture de la BFC avant d'être brûlé. Une jeune femme qui aborde la descente du Caribou en moto est également attaquée sans comprendre pourquoi. Elle se fait elle aussi lyncher à son tour. Sa moto est écrasée à coups de galets avant d'être brûlée. Les sapeurs-pompiers viendront à sa rescousse. Des manifestants armés de barres de fer et de cailloux crient* "À mort les *Mzungus* !", "Les *Mzungus* dehors !". C'est la panique totale dans la capitale. La foule qui s'est amassée aux alentours crie au scandale. "Le préfet doit prendre ses responsabilités", *clame un jeune cadre du Conseil général.* "Si personne ne réagit, la situation risque d'avoir des conséquences dramatiques", *renchérit un autre.*

Vers 10 heures, les forces de l'ordre décident d'intervenir. Trois fourgonnettes de la police font leur apparition sur la place du marché. Les bombes lacrymogènes commencent à pleuvoir comme une pluie torrentielle en période de Kashikasi. *La foule se disperse. Les gens courent dans tous les sens. Certains, plus fragiles, tombent évanouis. En quelques minutes à peine, le rond-point de Mamoudzou se vide, laissant la place à l'épaisse fumée noire des deux motos carbonisées. Les policiers procèdent à une dizaine d'interpellations. Des poches de résistance se créent de part et d'autre. Le rond-point de Kawéni ainsi que celui du Baobab sont bloqués. Un militaire du GSMA de Combani à bord d'une fourgonnette s'est fait débarquer manu militari de*

---

[1] « *Mzungu* » : Personne de race blanche, en mahorais, « *Wazungu* », au pluriel.

son véhicule avant d'être molesté devant la caserne des sapeurs-pompiers. Sa voiture sera ensuite renversée au milieu de la route et brûlée. Les forces de l'ordre en sous-effectif sont rapidement débordées par les événements. Pendant toute une journée, les professeurs du collège de Kawéni sont restés bloqués dans leur établissement. Ils ont pu voir plusieurs exactions commises contre des Blancs avant d'être évacués à 16 heures par quatre escouades de policiers anti-émeutes qui ont "nettoyé" *les ronds-points de Mega et de SFR à coups de flashball, cantonnant les émeutiers entre les deux axes.*

Le pire observé concerne une femme, mère de famille. À Kawéni, vers 11 heures 30, cette dame vient chercher son enfant en catastrophe lors d'un moment particulièrement chaud. Les enseignants ont essayé de l'en dissuader. Elle a tenté sa chance. Au moment, où elle fait monter son enfant dans la voiture, des gens ont commencé à caillasser la voiture. Les vitres ont explosé alors que l'enfant était à l'intérieur et un chauffeur. Un homme a crevé un pneu arrière à l'aide d'un chombo[1]. *Le chauffeur a décidé alors de démarrer en catastrophe, laissant la femme seule devant une meute de jeunes clandestins, prête en découdre. Elle a été tirée par les cheveux, molestée pendant plusieurs minutes. C'est à ce moment-là, alors qu'elle tentait de s'échapper vers la station Total que le personnel de cette société est intervenu. Deux hommes l'ont prise sous leur protection et l'ont emmenée dans la station Total. La foule s'est ensuite calmée* ».

La peur avait gagné toutes les couches des populations locales, y compris dans les rangs des forces de l'ordre, dont

---

[1] « *Chombo* » : Littéralement « *instrument* » ou « *outil* ». Sabre ou machette, qu'on utilise traditionnellement comme outil pour les travaux agricoles, mais dont se servent également les délinquants comme arme blanche pour mutiler, terroriser ou assassiner les populations, dont les enfants dans les bus scolaires.

l'absence a été très remarquée par les personnes apeurées : « *Les émeutes de jeudi n'ont fait que mettre en lumière un problème plusieurs fois signalé ces trois dernières années, les violences de la rue se sont déplacées à l'intérieur même du lycée* ».

« *Ils sont entrés avec les* "shombos", *les pierres, ont blessé à la tête un des membres de l'administration, plusieurs d'entre nous n'ont dû leur sécurité qu'à la protection de leurs élèves, tous unis, quelles que soient leurs origines pour défendre leurs enseignants et leurs camarades* », racontent les professeurs choqués, qui précisent que la Direction a été « *exemplaire* ».

Le problème vient de plus haut. Ignorant les mesures prises toute la journée par le Vice-rectorat pour gérer la crise, les enseignants se sont sentis bien seuls. « *Nous avons alerté le Vice-rectorat toute la journée, mais il semble qu'on nous ait abandonnés. Alors que le collège de Kawéni était évacué par les gendarmes, nous avons dû nous débrouiller seuls, toute la journée. Les élèves sont traumatisés, ils ont passé la journée enfermés dans les rares salles qui ont des barreaux, à pleurer* ».

Dans la journée, le chauffeur d'un des divers bus qui raccompagnaient des élèves à la barge les a fait descendre sur le chemin, exaspéré par leur trop grande excitation. Les jeunes femmes ont fini le chemin à pieds, à 19 heures, mortes de peur, dans des rues heureusement redevenues calmes. Décidés à trouver rapidement une solution, les enseignants ont donc écrit un courrier lundi à leur hiérarchie, précisant qu'ils ne pourraient reprendre les cours s'ils ne se sentaient pas, eux et leurs élèves, en sécurité. Le vice-recteur est intervenu dans la salle des professeurs ; son discours n'a fait qu'accroître la colère de ceux-ci : il n'y a pas eu assez de promesses et d'actions. Ils ont donc utilisé leur droit de retrait et ont refusé de travailler mardi. Le jour même, un intrus s'introduisait dans le lycée, proférant des menaces. Ceinturé par un professeur, il a réussi malgré tout à fuir les policiers à leur arrivée...

De même, des citoyens à la philosophie favorable à l'immigration, y compris irrégulière, sont choqués. Je tire cette affirmation des témoignages et inquiétudes exprimés par des militants associatifs ou syndicaux présents sur le territoire lors du jeudi noir, où tout ou presque allait basculer. Le premier sentiment qui vient à l'esprit de ces personnes qui ont frôlé la mort c'est un sentiment d'abandon par les forces publiques, en réalité, totalement débordées par l'ampleur du déchaînement de la violence et des manifestants.

À ce sentiment d'abandon s'en est suivi un sentiment de déception et surtout d'échec des associations mobilisées pour favoriser *l'éducation de tous* et qui se trouvent menacées en raison de la couleur de la peau. Ces manifestations et ces menaces ont renfermé une connotation raciste de chasse aux « *Blancs* ».

Enfin, comme dans un sentiment d'impuissance, le Syndicat national des Enseignements de Second Degré (SNES) se console par la diffusion d'un communiqué de condamnation ferme des troubles et des violences. « *Je condamne fermement ces troubles et violences intolérables* ».

Comme toute la population de l'île de Mayotte, nous avons été choqués par la « *chasse aux Blancs* » qui s'est déroulée ce « *jeudi noir* », le jeudi 27 mars 2008. Des dizaines d'enseignants ont relaté les agressions insupportables dont ils ont été victimes. Ces faits sont inadmissibles et nous exprimons notre solidarité à tous ceux qui les ont subis. Nous dénonçons le fait que le collège et le lycée professionnel de Kawéni aient été assiégés durant plusieurs heures et même bombardés de jets de pierres.

Ces faits ont été commis par des gens se réclamant ressortissants de la communauté anjouanaise. Le SNES, cette organisation syndicale largement majoritaire chez les professeurs des lycées et collèges, a toujours défendu le droit de toutes les communautés à être traitées dignement, en tant qu'êtres humains. Certains militants se sont battus pour le droit à la scolarisation ou à la santé de tous les habitants de Mayotte. Ils ont toujours combattu tous ceux qui refusaient le principe républicain selon lequel l'École de la République doit accueillir tous les élèves, sans discriminations. Ils ont été consternés par le fait que des membres d'une communauté insulaire s'en prennent violemment à d'autres, innocents. Les enseignants de Mayotte, quelle que soit leur couleur de peau, ne sont pas responsables de la présence de Mohamed Bacar sur l'île. S'en prendre à eux sous ce prétexte fallacieux et sous des formes aussi violentes est un acte de pur racisme insupportable. Les militants continuaient à clamer que « *notre combat pour la dignité et la tolérance n'en sera pas affaibli ; pour autant et nous resterons vigilants, de manière à ce que ces événements détestables ne soient pas prétexte à la remise en cause des droits fondamentaux à l'Éducation pour tous, qui demeure un principe de base de notre République* ».

Les immigrés anjouanais de Mayotte ont perpétré, durant toute la journée du jeudi noir, le 27 mars 2008, des violences gratuites contre les biens et les personnes aux alentours de l'aéroport de Pamandzi, en Petite Terre, et un peu partout à Mamoudzou, le chef-lieu situé en Grande Terre, sous prétexte de protester contre l'arrivée de Mohamed Bacar à Mayotte.

Ils ont réclamé la reconduite à la frontière du colonel Mohamed Bacar, ex-président de l'île autonome d'Anjouan, recherché par les autorités de l'Union des Comores et celles de l'Union africaine.

De tels inadmissibles troubles à l'ordre public rappellent le douloureux précédent de 2005, qui avait abouti à de graves atteintes à l'intégrité physique de nombreux habitants de notre île et même de certains élus et, surtout, au saccage de ma permanence parlementaire. L'ampleur des présentes atteintes à la paix publique a été telle que les lignes régulières aériennes de desserte de Mayotte et les rotations de la barge pour relier la Petite à la Grande Terre ont été suspendues. En ma qualité de représentant de l'ensemble de la population française de Mayotte, j'avais condamné fermement ces troubles et ces violences intolérables. J'avais lancé un appel solennel et pressant au gouvernement pour solliciter un rapide et sérieux renforcement des effectifs de police et de gendarmerie affectés à Mayotte afin de pouvoir prévenir et, en tout cas, remédier plus efficacement à une telle situation à l'avenir. J'avais demandé instamment à la Préfecture de Mayotte de bien vouloir indiquer, à toutes les victimes de violences, les voies et moyens d'obtenir leur juste et effective indemnisation légitimement attendue[1].

L'image de la paisible et idyllique Mayotte a pris un sacré coup à l'extérieur, par le déchaînement de la violence que le bref passage de l'ancien dictateur anjouanais avait provoquée au sein des populations immigrées anjouanaises vivant sur notre territoire. À l'image d'une personne qui réalise avoir la « *gueule de bois* » au lendemain de sa première cuite, Mayotte a peur et le confesse volontiers, et si la vie avait fini par reprendre son cours normal, on peut dire sans exagérer que plus rien ne sera pareil après horrible journée de jeudi 27 mars 2008. La communauté métropolitaine découvre qu'elle constitue une cible facile dans une île qu'elle croyait pourtant française et francophile, et la population autochtone retrouve intacts ses vieux démons du passé, dont elle croyait s'être définitivement débarrassés en choisissant de rester française, contre vents et marées, « *à contre-courant* », semble-t-il, lors du référendum d'autodétermination du 22 décembre 1974.

Réflexe compréhensible, une petite partie des résidents métropolitains cède à la panique et quitte le territoire, par crainte d'une complication de la situation au cours des jours à venir. Les investisseurs potentiels paniquent eux aussi, et se demandent s'ils n'ont pas intérêt à aller voir ailleurs, sous des cieux plus cléments. Quant à lui, le Mahorais découvre qu'il

---

[1] *Mayotte-Hebdo,* Mamoudzou, le 28 mars 2008.

est vulnérable sur son propre territoire, que l'ampleur de l'immigration clandestine anjouanaise dépasse de très loin les projections qu'il se faisait, que l'esprit d'humanité qui l'a poussé à accepter vaille que vaille la présence de cette forte communauté immigrée illégale et incontrôlée venait de lui jouer un mauvais tour.

Conscient qu'il ne pourra pas faire l'économie d'une révision de son sens traditionnel de l'accueil et de l'hospitalité, donc de modifier ses propres règles de vie, il s'interroge sur la bonne marche à suivre, fortement tenté, il faut le reconnaître, à bouter cette menace anjouanaise hors de ses frontières, sans autre forme de procès. En décidant de fuir les forces tanzaniennes et soudanaises (venues le déloger d'Anjouan sous la bannière de l'Union africaine) et à venir demander l'asile politique à la France, en rejoignant le sol mahorais, Mohamed Bacar n'a ni arrangé la situation des victimes de son régime dictatorial, ni les relations déjà très tendues entre l'Union des Comores et la France depuis le début de la crise séparatiste anjouanaise, en février 1997.

Craignant pour leur sécurité et l'avenir du processus de départementalisation de leur île, les Mahorais étaient tiraillés durant plusieurs jours par une envie de se faire justice, et multipliaient les réunions dans les quartiers, villes et villages de l'agglomération de Mamoudzou et de Petite Terre.

Comme indiqué plus haut précédemment, il existe objectivement une violence liée à l'immigration massive. Cette dernière n'est pas un phénomène strictement dépendant de la départementalisation, comme certains l'avaient laissé suggérer, puisqu'il apparaît dans des rapports parlementaires d'information de l'Assemblée nationale en date du 8 mars 2006 : « *L'ampleur de l'immigration clandestine à Mayotte, qui ne cesse de s'accentuer au fil des années au point de concerner un tiers de la population, met en danger la cohésion sociale de l'île et constitue une menace pour la métropole, dans la mesure où elle constitue un terrain favorable à l'arrivée du fondamentalisme musulman. Il est donc important de prendre les mesures susceptibles de la maîtriser : tel est l'objet des travaux de la mission mise en place par l'Assemblée nationale et qui sont fidèlement exposés dans le présent rapport.*

L'immigration clandestine à Mayotte constitue une nouvelle forme d'esclavage dont les intéressés n'ont pas toujours conscience puisqu'ils fuient un pays qui ne leur offre aucune perspective d'avenir, pour gagner ce qu'ils considèrent comme un "Eldorado".

Pour y parvenir, ils doivent se soumettre à des conditions de transport dangereuses et coûteuses ; une fois à Mayotte, ceux qui trouvent un emploi sont exploités de manière éhontée. Enfin, la plupart de ces immigrés vivent dans des conditions de logement semblables aux "favelas" *d'Amérique latine et qui ne sont pas gratuites. Bien évidemment, ces conditions de vie et la précarité ambiante constituent autant de sources de délinquance, voire de prostitution.*

Devant cette situation, on ne peut s'empêcher de penser à la formule employée en 1989 par Monsieur Michel Rocard, alors Premier ministre : "La France [Mayotte] ne peut pas accueillir toute la misère du monde, raison de plus pour qu'elle traite bien la part qu'elle se doit d'en accueillir"».

À cet effet, le recours généralisé au « *travail dissimulé* » (pour reprendre l'expression employée par François Baroin, alors ministre de l'Outre-mer, dans les différents secteurs économiques de l'île doit faire l'objet d'une répression déterminée, qui ne saurait exclure personne, en particulier tous ceux qui doivent être exemplaires. Les propositions faites dans ce domaine peuvent être rapidement mises en œuvre.

Au-delà de ce premier pas, les nombreuses propositions formulées en constituent un ensemble cohérent de réponses susceptibles de maîtriser cette immigration et d'en réduire l'ampleur. Leur mise en œuvre implique un regard nouveau de la métropole sur Mayotte. L'attachement affectif à la France de ce territoire et de sa population dépasse le seul désir d'un bien-être matériel. Mais, l'éloignement physique de la métropole a, trop longtemps, favorisé un désintérêt certain envers Mayotte. Nous avons constaté l'ampleur et la qualité des investissements entrepris ces dernières années pour rattraper ce retard. Le développement qui en résulte a accentué l'attractivité de Mayotte pour ses voisins, en particulier les Comoriens de l'île d'Anjouan.

Il est évident que la maîtrise de l'immigration passe par un renforcement et un développement de la coopération avec l'Union des Comores, et plus particulièrement avec l'île d'Anjouan. Ses diverses modalités, exposées dans le rapport parlementaire précité, doivent être déterminées avec le souci majeur d'éviter le détournement de l'aide à des fins personnelles. Cette coopération, indispensable, demande un peu de temps pour faire sentir ses effets.

Dans cette attente, les mesures de prévention et de lutte et répression de l'immigration clandestine sont nécessaires. Les efforts non négligeables, entrepris ces dernières années, de renforcement des effectifs et des moyens des forces de sécurité, ne sont cependant pas à la hauteur des problèmes rencontrés. Le rapport précité souligne ainsi la nécessité d'une meilleure cohérence dans la mise en œuvre de ces moyens qui apparaissent dérisoires, quand ils ne sont pas réduits à néant par l'absence de coordination entre les administrations concernées[1].

Ces évènements remontent à 2008. Depuis, le rapport des forces entre communautés s'est encore renforcé en la faveur de la communauté comorienne. J'espère que tout sera mis en œuvre pour éviter leur répétition – pour ne plus vivre sur le sol français de Mayotte, la chasse aux Blancs !

---

[1] Rapport d'information n°2932 de M. Quentin, déposé le 8 mars 2006.

CHAPITRE X.
CONJURER
L'ABANDON DE MAYOTTE PAR L'ÉTAT

Il est plus qu'un sentiment d'abandon, qui est plus qu'un sentiment, car réel, chez les Mahorais en ce qui concerne l'État. Ce constat est partagé tant par les Mahorais eux-mêmes, que par la classe politique nationale.

En effet, dans un rapport parlementaire d'information particulièrement documenté, le Sénat a relaté avec force le sentiment désastreux d'abandon par l'État qui habite nos compatriotes mahorais.

Même si un sentiment ne constitue pas une réalité scientifique, il ouvre la possibilité à la réflexion politique. C'est ce qu'a fait une mission d'information du Sénat dans le département de Mayotte et dont le rapport fait suite à un précédent rapport pour avis, qui remonte à juillet 2008. Dans ce premier rapport, l'auteur s'est exclusivement concentré sur le phénomène migratoire et ses conséquences.

C'est dire que la compréhension du second, datant de 2022, se lit en continuation du premier. En effet, dans le premier rapport, l'auteur s'est attardé sur la question du coût de l'immigration dans ses multiples facettes. Il note que la lutte contre l'immigration clandestine induit un coût d'un million d'euros par an. Les informations ainsi transmises au rapporteur spécial par le commandement de la Gendarmerie à Mayotte permettent d'identifier très clairement les coûts induits, pour la Gendarmerie mahoraise, par l'activité de lutte contre l'immigration clandestine.

Ce coût s'est élevé à 726.000 euros en 2006 et à 941.000 euros en 2007. Les principaux postes de dépenses sont, tout d'abord, la rémunération des gendarmes correspondant aux jours d'engagement du personnel dans cette mission de lutte contre l'immigration clandestine, dont le montant s'est élevé à 545.000 euros en 2007, l'entretien des véhicules terrestres et nautiques dont dispose la Gendarmerie (185.000 euros) et le prix acquitté au transporteur maritime pour les reconduites à la frontière (75.880 euros en 2007).

En 2007, se sont ajoutés à ces frais de fonctionnement des frais d'investissement importants résultant de l'achat d'une embarcation semi-rigide de 11 mètres, semblable à celles dont dispose la PAF, équipée de deux moteurs de 200 chevaux, le *Kondzo,* qui s'avère particulièrement efficace dans l'interception des clandestins en mer. Cette embarcation a coûté 135.000 euros à l'achat. La Gendarmerie de Mayotte dispose par ailleurs de 3 zodiacs pouvant compléter l'action du *Kondzo*. Tel est le coût estimé pour permettre à la Gendarmerie d'assurer ses missions.

S'agissant du coût de l'Éducation, le rapporteur souligne que les rémunérations de personnels enseignants sont assurées par l'État. Enfin, la compétence des établissements secondaires n'a pas été transférée aux collectivités territoriales à Mayotte. L'article 6 de l'ordonnance du 21 décembre 2007 relative à Mayotte prévoit ainsi que les articles du Code de l'Éducation relatifs à l'exercice des compétences des départements et des régions ne sont pas applicables à Mayotte. L'enseignement secondaire est donc également et intégralement financé par l'État. Les données chiffrées transmises par le Rectorat de Mayotte permettent d'évaluer le montant consacré à l'accueil et à l'instruction par les structures de l'Éducation nationale à Mayotte des élèves étrangers. Celles-ci font état d'un coût total par élève de :

- 1.230 euros par an dans le premier degré, masse salariale comprise ;
- 4.322 euros par an dans le second degré, masse salariale comprise, pour un élève non boursier.

Si l'on rapporte ces montants au nombre évaluatif présenté ci-avant d'élèves issus des flux d'immigration clandestine présents dans le premier et dans le second degrés à Mayotte, on obtient un coût total de :

- 14,26 millions d'euros par an pour les élèves étrangers issus de l'immigration clandestine dans le premier degré ;
- 18,17 millions d'euros par an pour ces élèves dans le second degré.

Les dépenses d'investissement, quant à elles, ne peuvent pas strictement être considérées comme découlant, même partiellement, de l'importance du nombre d'élèves issus de l'immigration clandestine. En effet, le rattrapage, par les établissements scolaires de Mayotte, du niveau de la métropole implique, même sans considérer l'importance de l'immigration clandestine, un rythme de construction d'établissements élevé, celle de 360 nouvelles salles de classe par an, soit une salle de classe par jour.

De manière globale, le coût, pour l'Éducation nationale, de l'accueil à Mayotte des élèves issus de l'immigration clandestine peut donc être estimé à 32,4 millions d'euros par année.

Le troisième poste se rapportant à des dépenses liées à l'immigration concerne la Santé publique. Le système de santé à Mayotte, hérité de cette Histoire, présente des caractéristiques très particulières puisqu'il est presque intégralement composé de structures hospitalières. Aucune clinique privée n'est présente à Mayotte avant avril 2024, et le nombre de médecins libéraux est notoirement insuffisant au regard de la population mahoraise : 20 médecins libéraux

(12 généralistes et 8 spécialistes) pour officiellement, et officiellement seulement, 186.000 habitants. Avant avril 2024, seul un cabinet médical est implanté hors du secteur le plus urbanisé de Mamoudzou et de Petite Terre.

La raison du non-développement de l'offre médicale libérale semble essentiellement tenir à l'incapacité financière de la majorité de la population à avancer les frais de soins et à prendre en charge le ticket modérateur.

En général, le CHM dispose d'un budget de 130 millions d'euros par an pour soigner plus de 200.000 habitants ; ce qui, selon le Directeur du CHM, est particulièrement faible au regard de l'étendue des missions confiées à l'institution. Cela représente notamment moins de la moitié du budget du Centre hospitalier de Saint-Denis de la Réunion.

Le financement du CHM est réparti entre trois sources distinctes : l'Assurance-maladie mahoraise qui, avec 95 millions d'euros par an, apporte l'essentiel des fonds, des recettes diverses, incluant les versements effectués par les non-assurés sociaux et la contribution de l'État. Une des particularités du financement du CHM réside dans l'absence de tarification à l'activité. L'Assurance-maladie verse alors directement une dotation à l'hôpital, sans relation de facturation.

Les non-assurés sociaux sont donc essentiellement des étrangers. Ils doivent, pour leur part, s'acquitter d'un montant variable suivant les soins. La provision versée est, par exemple, de 10 euros pour une consultation en dispensaire (incluant la délivrance de médicaments et les consultations secondaires liées à la même affection dans la semaine), de 15 euros pour des soins dentaires, de 30 euros pour un accueil aux urgences, de 50 euros par jour pour une hospitalisation d'un jour en médecine ou encore de 300 euros pour le suivi d'une grossesse et l'accouchement. Le montant de ces provisions a été fixé, selon les informations fournies par le secrétariat d'État à l'Outre-mer, à des niveaux supérieurs à ceux applicables à l'Hôpital de Hombo, à Anjouan, où les soins sont également payants, afin de limiter l'appel d'air que la fourniture de ces soins à Mayotte pourrait produire sur la population anjouanaise.

Les recettes tirées de ces provisions sont évaluées à environ 2 millions d'euros, selon l'audit de modernisation réalisé en 2007 par l'IGF et l'IGAS sur l'aide médicale d'État. Bien que ces recettes soient mineures par rapport aux coûts induits par les soins apportés aux non-assurés sociaux, le Directeur du CHM a cru bien faire de se féliciter d'un système qui permet de « *moraliser* » la fourniture de soins et de réduire le nombre de consultations inutiles.

En conclusion de ce volet budgétaire et financier, le rapporteur signait tout l'intérêt de renforcer la lutte contre l'immigration illégale, en proposant de lutter contre elle, cette lutte étant moins coûteuse que l'accueil des migrants présents sur le territoire.

Il va sans dire que 17 ans plus tard, les coûts ont explosé, et ce, par la conjugaison de l'augmentation exponentielle des dépenses à tous les niveaux, en raison de la réelle explosion démographique.

En outre, et depuis cette date, la politique de lutte contre l'immigration clandestine a subi les évolutions que nous connaissons, d'abord, sur le terrain de l'organisation des services publics, de l'accueil en contact avec l'immigration. Cette organisation est décrite par les autorités en charge des forces de sécurité intérieure.

Dans une note remise à la mission d'information pour Mayotte, la Direction générale de la Gendarmerie nationale (DGGN) souligne que ses services à Mayotte ont connu ces dernières années des évolutions importantes par le réel renforcement de l'encadrement, dont à la tête un Général, une augmentation des effectifs, la création de deux brigades territoriales, à Koungou et à Dembeni, et deux autres en cours de création à Combani, dans la commune de Tsingoni, et à

Dzoumogné, dans la commune de Bandraboua. La DGPN, de son côté, a souligné le bouleversement qu'a connu la Police nationale localement, avec un renforcement de l'encadrement, la création de l'unité du RAID, un déploiement des moyens techniques, avec des drones et des intercepteurs.

La Police, elle aussi, a connu d'importantes réformes organisationnelles, avec la création de la Direction territoriale de la Police nationale (DTPN), compétente à la fois sur la PAF et sur la sécurité publique, un renforcement de l'encadrement et des effectifs. Il annonce le déploiement d'une nouvelle unité d'intervention entre RAID et GSP, pour interpeller les fauteurs de troubles et un déploiement d'une brigade canine. Bref, la Police connaît une montée en gamme pour s'adapter aux différentes crises de sécurité que connaît la zone urbaine de Mamoudzou. Cette montée en puissance dans le renforcement des effectifs des forces de sécurité intérieure ont permis au ministre de l'Intérieur d'affirmer que la concentration des forces de sécurité intérieure à Mayotte est plus importante que l'ensemble des forces présentes à Marseille, Lyon et Nîmes réunis.

Ce renforcement des moyens est justifié, évidemment, par la dégradation constante et continue de la sécurité dans le département, une situation que reconnaît très volontiers la Gendarmerie nationale, qui évoque un contexte dégradé, et que ses forces sont en opération permanente, de la nécessité de création d'un groupe « *troubles à l'ordre public* » (TOP), chargé d'identifier les auteurs, en liaison, avec l'appui du groupement ; ce qui donne des résultats formidables.

Enfin, les deux Directions ont souligné l'intensité des violences dont sont victimes les agents de force publiques.

Ces informations se situent dans le prolongement du rapport d'informations du Sénat rédigé en 2022, qui dénonce « *le sentiment d'abandon dans lequel se trouvent nos compatriotes mahorais* ».

En effet, dans ce rapport d'information, le Sénat rapporte que, selon le Directeur du Secrétariat général à l'Immigration et à l'Intégration, la difficulté est beaucoup plus grande à Mayotte qu'ailleurs.

Les flux migratoires sont, en effet, plus complexes à surveiller en raison de l'insularité de ce territoire. Selon les estimations, la population immigrée clandestine à Mayotte pourrait s'élever entre 50.000 et 60.000 personnes, dont 90% d'origine comorienne, soit environ un tiers de la population officielle de Mayotte.

Le coût des reconduites à la frontière d'immigrés illégaux car clandestins s'élèverait, chaque année, entre 50 et 70 millions d'euros, à Mayotte.

Outre ces aspects, il est deux sujets au-delà de la pression migratoire *stricto sensu,* mais immédiatement liés à cette immigration, qu'il convient d'aborder sans tarder : celui de la relation entre immigration massive et croissance démographique, d'un côté, et de l'autre entre immigration et insécurité. S'agissant de la croissance démographique, les statistiques de l'INSEE ont démontré que lorsque la pression migratoire est faible, la croissance de la population de l'île est faible et inversement. La question est en débat et doit être comprise au plan national, où tout le monde s'accorde à reconnaître que l'immigration représente une composante de plus en plus importante sur la croissance de la population. Cette évolution doit tout autant au ralentissement de la natalité et à la hausse de la mortalité (solde naturel) qu'à l'augmentation des flux de l'immigration.

La contribution des femmes immigrées à la fécondité représente près d'un cinquième des naissances, même si cette contribution ne représente qu'environ 0,1 point d'indice conjoncturel de fécondité. La fécondité des immigrées est, comme celle des natives, en baisse, mais lui reste supérieure (TCF : 2,60 contre 1,77). Un tel différentiel est une spécificité en Europe, seuls la Belgique et le Luxembourg étant dans une situation analogue. Ainsi, la population française est-elle de plus en plus originaire d'une immigration récente. Le nombre des naissances de parents français ou nés en France est en baisse alors que celui des naissances d'au moins un parent étranger ou né à l'étranger augmente (et représente près d'un quart des naissances aujourd'hui). Il y a deux fois plus de jeunes de moins de 18 ans d'origine immédiatement étrangère (immigrés et enfants d'immigrés : 22%) de nos jours qu'à la fin des années 1960 (11%).

La France compte 7,6 millions d'enfants d'immigrés, dont près de la moitié avec deux parents étrangers. Au total, les immigrés et leurs descendants immédiats représentent désormais plus d'un cinquième de la population française (21,4% en 2019 – soit 27% selon la définition internationale, qui ajoute les ressortissants nationaux nés à l'étranger).

Ce même comportement s'observe à Mayotte, mais avec un mouvement beaucoup plus massif, que nous avons évoqué ailleurs. À Mayotte, le taux de fécondité est d'une manière générale important. Il est encore plus élevé au sein de la population immigrée. À cela, s'ajoute le solde migratoire positif de plusieurs milliers de personnes de 2012 à ce jour.

Le deuxième sujet concerne les violences. On peut regretter que dans son analyse, la Gendarmerie nationale se soit plus attachée à l'examen des Collectifs de Citoyens qui expriment leur inquiétude qu'au destin réservé aux Mahorais par la dépossession de leur terre au profit des Comoriens, singulièrement d'Anjouanais. En effet, aucune analyse n'a été faite sur les affrontements entre bandes rivales et entre communautés villageoises dans les zones entre Koungou et Tsoundzou, entre Combani et Miréréni, et à Dzoumogné, alors que ce sont ces mêmes bandes qui terrorisent toute la population, qui ont provoqué un changement profond de l'organisation sociale du territoire, qui violentent les gens sur les routes de Mayotte, qui caillassent les bus scolaires, et les forces de l'ordre. Cette approche conforte, à tort ou à raison, le sentiment ancré profondément dans l'opinion locale selon lequel la Justice pénale n'existe que contre les Mahorais, qui sont dans une légitime défense de leur vie, de leur liberté et de leurs propriétés.

Sur le terrain opérationnel, les forces de sécurité intérieure ont constaté que les phénomènes de bandes connus à Mayotte sont différents des phénomènes qui existent dans l'Hexagone. Elles ont cherché à comprendre la réaction des phénomènes des collectifs villageois qui s'apparenteraient à des organisations d'auto-défense face à l'immigration.

Le CODIM, qui mobilise les citoyens pour la défense du patrimoine culturel, historique et environnemental de Mayotte, soutient et justifie ainsi les « *décasages* », en les présentant comme une réaction à l'inertie de l'État, en matière de contrôle de l'immigration, imputant, à raison, les actes de délinquance à la population immigrée clandestine.

- À la suite du mouvement social « *île morte* » du printemps 2018, des groupes d'auto-défense visant à prévenir les actes de délinquance se sont aussi constitués, généralement regroupés sous la dénomination des « *gilets jaunes* ». Paradoxalement composés pour partie par des Comoriens, ils assuraient la sécurité des transports scolaires et aux abords des établissements scolaires.
- Depuis, face à la multiplication des faits de délinquance et à leur gravité, la population exprime sa frustration et sa colère grandissantes par la constitution de groupes d'auto-défense, se défaisant souvent très rapidement, au gré du déroulement des événements. Ces groupes sont capables de se créer n'importe où et n'importe quand sur l'île. Leur caractère éphémère rend très complexe tout décompte précis.
- Une certitude demeure : en se faisant souvent justice eux-mêmes, non seulement ils se mettent hors-la-loi, mais surtout, ils se confrontent à l'action des forces de sécurité, les mobilisant ainsi inutilement, au détriment de l'action

opérationnelle contre les véritables délinquants. Alors, la Gendarmerie, qui fait déjà un travail particulièrement important de lutte contre les différents phénomènes de délinquance et de criminalité, ne comprend pas que la réaction de ces Collectifs de Citoyens s'explique par le sentiment que les forces publiques ne sont pas en mesure de protéger les citoyens ou que tout est autorisé pour les immigrés.

Analysant le même phénomène d'insécurité, le Sénat note que « *le contexte migratoire propre à Mayotte n'est pas sans influence sur la situation sécuritaire du territoire. La mission s'est ainsi intéressée à l'affirmation, régulièrement avancée par nos concitoyens mahorais, selon laquelle l'ampleur de l'immigration en situation irrégulière sur ce territoire est de nature à encourager la commission de faits de violence. Au terme de ses travaux, elle ne peut qu'effectivement constater que, par les difficultés d'accueil qu'ils génèrent, le sentiment de dépossession de leur territoire vécu par les Mahorais et les tensions intercommunautaires qui en découlent, l'importance des flux migratoires sur un territoire exigu joue un rôle certain dans la dégradation du climat sécuritaire que connaît Mayotte. Fruit de la spécificité du contexte mahorais, ce niveau de délinquance engendre des conséquences délétères à moyen terme sur le territoire, qui dépassent la seule question sécuritaire. Naturellement, un tel niveau de violence suffit seul à justifier une réponse énergique des pouvoirs publics ; cette réponse paraît néanmoins d'autant plus urgente qu'elle obère l'essor économique du territoire, nuit au fonctionnement normal des services publics et pousse de nombreux Mahorais au départ vers la Réunion ou l'Hexagone.*

Cette émigration est d'autant plus problématique qu'elle se traduit par une perte de potentiel pour le territoire mahorais, dont le dynamisme et le développement futurs reposent sur la pleine mobilisation de ses forces vives ».

Lors des auditions qu'elle a conduites sur place, sur l'île, la mission a été régulièrement confrontée au témoignage d'acteurs évoquant en des termes très marquants le degré de violence sur le territoire mahorais.

À titre d'illustration, le Colonel Capelle (Général de gendarmerie depuis), commandant de la Gendarmerie de Mayotte, a ainsi évoqué « *le degré ahurissant de violence à l'encontre des forces de l'ordre* ». Le Directeur territorial de la Police nationale (DTPN), Laurent Simonin, a pour sa part estimé que « *le niveau de délinquance ne permet pas aux habitants de l'île de mener une vie normale* ». Le degré de violence ressenti par la société mahoraise est donc, de l'avis général, particulièrement élevé.

Il n'en est pas pour autant aisé de le quantifier avec précision. En premier lieu, l'insécurité vécue par les citoyens peut être difficile à mesurer, et n'est pas forcément parfaitement corrélée avec les chiffres de la délinquance tels que présentés par les services de Justice et des forces de l'ordre.

Comme le rappelaient Alexandre Estival, commandant de Police, et Olivier Filatriau, administrateur de l'INSEE, tous deux agents du Service Statistique ministériel de la sécurité intérieure (SSMSI), dans un article publié en 2019, « *mesurer la délinquance est une entreprise délicate* », qui a longtemps fait l'objet de controverses dans le débat public.

L'on pense en particulier aux travaux du sociologue Laurent Mucchielli, particulièrement critique du management par objectifs de délinquance, ou « *politique du chiffre* », dont *Le « nouveau management de la sécurité » à l'épreuve : délinquance et activité policière sous le ministère Sarkozy,* (2002-2007), Champ pénal, Volume 5, 2008, rapports administratifs. La création du SSMSI a favorisé l'unification et la consolidation des statistiques en la matière, contribuant à leur légitimation.

En second lieu, si les enquêtes sur la victimation, dont l'enquête nationale de victimation « *Cadre de vie et sécurité* » (CVS) réalisée annuellement depuis 2007 par l'INSEE, ont permis de pallier cette difficulté, les rapporteurs n'ont pas pu disposer de données précises s'agissant de Mayotte. Cette enquête, qui constitue un « *complément indispensable* » aux statistiques dites de la « *délinquance enregistrée* », n'ayant été étendue au territoire mahorais qu'en 2020, il n'a pas été possible à la mission de disposer de données consolidées en la matière. Bien que ces enquêtes n'abolissent pas toute incertitude statistique, elles ont au moins le mérite d'en réduire considérablement l'ampleur et contribuent à donner une image plus fidèle de la délinquance vécue par les citoyens à Mayotte.

Les groupes d'autodéfense visant à prévenir les actes de délinquance réapparaissent régulièrement dans l'actualité mahoraise, constituant une réponse spontanée au sentiment d'abandon par les pouvoirs publics ressenti par des Mahorais à bout de patience.

Pour compréhensibles qu'elles soient, ces initiatives n'en sont pas moins problématiques. En premier lieu, elles sont de nature à remettre en cause la légitimité des seuls pouvoirs publics à intervenir dans un État de Droit pour faire cesser les atteintes à l'ordre public, et contribuent à nourrir le sentiment que les forces de l'ordre ne seraient pas en mesure d'assurer leurs missions.

Une telle situation n'est e´évidemment pas acceptable.

Le renforcement de la conditionnalité de l'accès à la nationalité par le droit du sol pour les enfants nés à Mayotte de parents étrangers doit donc être étudié. En particulier, sous réserve d'une rédaction garantissant sa constitutionnalité, l'allongement à un an de la durée de résidence régulière et ininterrompue d'un parent permettant à l'enfant de bénéficier de la reconnaissance du droit du sol pourrait être étudié. La lutte contre les reconnaissances frauduleuses de paternité (dont celle d'enfants français par leurs mères qui vont être « *déclarés et reconnus* » par des clandestins pour bénéficier de la nationalité française contre une importante somme d'argent) devrait également être renforcée à Mayotte. Des femmes étrangères en situation irrégulière, notamment des Comoriennes, peuvent en effet bénéficier, en l'échange d'une rémunération ou de services fournis à un Français, via la reconnaissance de leur enfant par celui-ci, de l'octroi d'un titre de séjour et donc d'une protection contre toute mesure d'éloignement.

La condition supplémentaire de régularité du séjour d'un des parents au moment de la naissance applicable depuis le 1er mars 2019 peut expliquer en partie la baisse des décisions d'enregistrement et la hausse des refus d'enregistrement. La loi du 26 janvier 2024 pour contrôler l'immigration et améliorer l'intégration avait adopté cette position. Le Conseil constitutionnel l'a censurée.

Interrogé sur les aspects de l'accès des migrants à la nationalité française par la mission d'information sur Mayotte, la DACS a analysé les raisons de la forte baisse des décisions d'accès à la nationalité de jeunes migrants à Mayotte ainsi que les reconnaissances de paternité. Elle précise que la forte baisse dans le nombre des décisions de 2020 et 2021 est due, d'une part, à la crise sanitaire liée à l'épidémie de Covid-19, mais également au fait que sur ces deux années, il n'y avait pas de Directeur des services de greffe judiciaires affecté à la Direction du service. Malgré la prise de fonction de l'actuelle Directrice des services de greffe judiciaires depuis le deuxième trimestre de l'année 2022 et le renfort d'une Directrice des services de greffe judiciaires, pendant trois mois, au début de l'année 2023, le service de la nationalité du Tribunal judiciaire de Mamoudzou a connu des difficultés persistantes, liées à l'importance du stock accumulé et non traité, à un manque d'agents et aux difficultés structurelles qui affectent la vie quotidienne des habitants de l'île. Or, cette règle de compétence peut ainsi fragiliser l'application du dispositif de contrôle *a priori* puisqu'une même personne a « *la possibilité* » de réaliser plusieurs reconnaissances de paternité ou de maternité auprès de plusieurs et différents officiers de l'état civil ; ce qui rend difficile la détection de la fraude.

Aussi, afin de renforcer l'efficacité du dispositif préventif de lutte contre les reconnaissances frauduleuses à Mayotte, une solution pourrait-elle consister à centraliser l'ensemble des reconnaissances faites à Mayotte devant le seul officier de l'état civil de la commune de Mamoudzou (sauf en cas de reconnaissance simultanée à la déclaration de naissance).

Cette centralisation de l'enregistrement de l'ensemble des reconnaissances de paternité et de maternité devant le seul officier de l'état civil de la commune de Mamoudzou permettrait de :

- favoriser l'identification des auteurs de reconnaissances frauduleuses multiples qui ne pourraient plus se rendre dans différentes mairies pour reconnaître des enfants ;
- constituer à Mamoudzou un corps d'officiers de l'état civil mieux formés à la détection des reconnaissances frauduleuses et à la mise en œuvre de la procédure préventive des articles 316-1 à 316-5 du Code civil.

La possibilité d'auditionner préalablement l'auteur de la reconnaissance et de surseoir ou de s'opposer à une reconnaissance est peu mise en œuvre par les officiers de l'état civil et les parquets, notamment à Mayotte.

Ainsi, le Parquet près le Tribunal judiciaire de Mamoudzou a-t-il :

- en 2020, formé aucune opposition à l'enregistrement de reconnaissance de paternité ou de maternité ;
- en 2021, formé 20 oppositions à l'enregistrement de reconnaissance de paternité ou de maternité ;
- en 2022, 26 cas sont signalés au Parquet, dans une seule opposition ;

- au premier semestre 2023, sur 27 cas signalés, en 3 oppositions.

Ces chiffres ne sont pas à l'échelle de ce que représentent en réalité les reconnaissances frauduleuses à Mayotte, qui constituent une véritable « *industrie* » frauduleuse et illégale.

Analysant à son tour le phénomène migratoire et son corollaire de violence dans une note du 29 avril 2024, Jean-Éric Schoettl constate d'abord un impact important du poids de l'immigration : la situation dans la France hexagonale est similaire à celle de Mayotte, mais avec un élément de différenciation important s'agissant du territoire exigu de Mayotte.

Commençons l'analyse au plan national. Un demi-million d'étrangers d'origine extra-européenne s'installent en France chaque année, à divers titres (arrivées légales, asile, entrées clandestines). Un afflux de cette ampleur compromet l'intégration de ceux qui s'entassent déjà sur son territoire.

Dans l'état du monde contemporain, avec la conquête du monde musulman par « *l'islamisme* » comme phénomène géopolitique durable et l'explosion démographique en Afrique, une immigration massive en provenance d'outre Méditerranée est ingérable.

À court terme, elle déborde nos dispositifs d'accueil ; à moyen terme, elle compromet l'assimilation ; à plus long terme, elle expose la société française à des déchirements d'une grande gravité.

Bien évidemment, une partie de ce flux s'intégrera, et parfois très bien. Mais, notre devoir à l'égard des générations futures est de regarder en face les évidences quantitatives et la prégnance des facteurs culturels. La conduite exemplaire d'un Mamoudou Gossama (jeune Malien sans-papiers qui a sauvé en 2018 un petit garçon suspendu à une fenêtre, en escaladant quatre étages à mains nues) ne doit pas être l'arbre héroïque cachant la forêt des ghettos et des fermentations toxiques dont ils sont le chaudron. Nombre d'enseignants professent une idéologie prétendument de l'Islam aujourd'hui devant des classes composées exclusivement d'enfants issus de familles musulmanes.

Il est autrement plus difficile de « *faire France* » dans ces conditions que lorsque les petits Ali côtoient les petits Alain. Donner ses chances à l'intégration impose de réduire significativement la pression migratoire. Pour prendre une image triviale, un plombier ne peut déboucher un lavabo s'il n'a pas d'abord fermé le robinet. Cela suppose des révisions que la bien-pensance jugera, comme à l'accoutumée, « *faire le jeu de l'extrême droite* », alors que ce serait lui ôter le monopole de l'expression d'un sentiment populaire. Les mesures à prendre sont sans mystère : limitation des visas et du regroupement familial, évaluation sérieuse des capacités d'intégration lors de la première délivrance d'un titre de séjour, suppression de l'automaticité du renouvellement de la carte de résident, simplification de la procédure de reconduite à la frontière pour rendre celle-ci plus effective, pression accrue sur les pays d'origine pour coopérer au rapatriement de leurs ressortissants, expulsion de tout étranger présentant une menace pour l'ordre public, déchéance de nationalité pour les binationaux ayant manifesté leur haine envers la France, limitation de l'attractivité sociale de notre pays.

En matière d'asile, il nous faut prendre beaucoup mieux en compte le risque qu'incarnent, pour l'ordre public, non seulement ceux qui ont commis ou participé à des actes terroristes, mais également ceux qui adhèrent à l'idéologie qui en constitue le terreau. Il faut imposer, dans tous les cas d'accès à la nationalité, une vérification rigoureuse de l'assimilation. Enfin, il faut instituer un service national obligatoire pour les jeunes des deux sexes, de manière à reproduire, sur le plan social et culturel, le brassage que l'ancien service militaire réalisait sur le plan social.

Que faire, en résumé, pour ne pas injurier l'avenir ? Face à la montée de la violence en général et à celle des mineurs en particulier, face au fanatisme qui séduit si souvent la jeunesse, nous ne pouvons plus nous bercer de mots et nous contenter de demi-mesures et de mesurettes. Il nous faut un « *choc d'autorité* », un « *choc de conscience civique et citoyenne* » chez ceux des Mahorais et autres Français à Mayotte qui facilitent le détournement du droit du sol.

Il nous faut aussi revoir de fond en comble nos politiques publiques et non des moindres : logement social, politique de la ville, immigration, sécurité intérieure (s'agissant non seulement de la lutte contre le terrorisme, mais aussi de la prévention et de la répression du « *djihadisme d'atmosphère* » dont parle Gilles Kepel). Il nous faut, enfin, rééquilibrer nos mécanismes institutionnels dans le sens de la restauration de la souveraineté nationale et populaire, qu'il s'agisse des relations entre Droit national et Droit européen, de la place de la Justice ou de la séparation des pouvoirs.

Il est acquis que le coût de l'Éducation nationale et du logement social est de 1,6 milliard d'euros. Les Mahorais appellent de leur vœu l'État à conjurer leur abandon pour construire ici les infrastructures durables dont le développement de leur pays a besoin. L'État, capable de financer à hauteur de 1,6 milliard d'euros l'accueil des migrants comoriens à Mayotte, doit être également capable d'investir la même somme dans les équipements porteurs d'un réel développement économique à Mayotte.

CHAPITRE XI.
UNE DEMANDE TRÈS ANCIENNE

La demande de suppression du droit du sol à Mayotte n'est pas nouvelle. Elle est même très ancienne. Mais, il est une pratique désormais bien connue des gouvernements depuis plusieurs décennies : toujours répondre avec retard aux sollicitations des outre-mer, et souvent de répondre peu, voire à côté, quand ils acceptent de répondre.

Cette constatation est encore plus vraie quand il s'agit de Mayotte. C'est ainsi que la demande de suppression du droit du sol à Mayotte fait partie de ces demandes qui attendent une réponse depuis près d'un quart de siècle. Elle est posée pour la première fois sur la table du gouvernement en septembre 2005 par François Baroin, alors ministre de l'Outre-mer (2005-2007), lors de mon premier mandat de député : « [...]. *À Mayotte, j'étudie la possibilité de limiter à un délai d'un an après la naissance de l'enfant la période pendant laquelle un Français peut reconnaître un enfant naturel dont la mère est étrangère.*

On peut également envisager de modifier ou de suspendre temporairement certaines règles relatives à l'acquisition de la nationalité française, à Mayotte. Par exemple, poser la règle de la régularité des parents comme condition pour l'accès ultérieur des enfants à la nationalité française. Mayotte a une surface comparable à l'île d'Oléron. La croissance de la population (180.000 habitants dont bientôt une majorité d'étrangers) est quasiment le fait des naissances d'immigrés clandestins. Car les mères viennent accoucher là pour que leurs enfants obtiennent la nationalité française [...].

Il faudrait l'envisager pour certaines collectivités d'outre-mer, car nous sommes confrontés à des politiques de peuplement non maîtrisées.

Si l'on ne le pas fait maintenant, à terme, ce sera l'explosion sociale. Pour enrayer ce phénomène, nous devons avoir recours à des mesures à caractère exceptionnel. Une remise en question du droit du sol ne provoque pas les mêmes réticences outre-mer qu'en métropole. L'Histoire et la géographie de l'outre-mer ne sont pas toujours les mêmes qu'en métropole. Le droit du sol n'a pas toujours connu la même application. Et, au fur et à mesure qu'il a été étendu, il y a des abus.

Je reviens sur la situation de Mayotte : la maternité de Mamoudzou avec 7.500 naissances annuelles, est la plus active de France. 2/3 des mères sont Comoriennes, et environ 80% d'entre elles sont en situation irrégulière. On estime à 15% le nombre de ces mères qui retournent aux Comores après avoir accouché.

Il y a aussi de nombreux cas de paternité fictive. Il est de notoriété publique qu'à Mayotte, la reconnaissance de paternité par des Français est un "service" *qui s'achète (une loi seule ne suffira pas)* »[1].

Malgré cet avertissement précis et documenté, il est à noter que les gouvernements successifs ont toujours choisi de se détourner de la préoccupation. Et depuis, le niveau de pression générée par la submersion migratoire subie sur l'île de Mayotte interroge nécessairement le régime d'accès à la nationalité française à Mayotte ; les mères comoriennes ont à

---

[1] François Baroin, interview accordée au *Figaro Magazine*, Paris, le 17 septembre 2005.

plusieurs reprises exprimé ce souhait de voir leurs enfants nés à Mayotte accéder à la nationalité française, notamment à l'occasion de diverses enquêtes pour connaître les motifs qui les conduisent à venir accoucher à l'hôpital de Mamoudzou. Sans exception, elles affirment vouloir venir accoucher à Mayotte sans doute pour des raisons de sécurité sanitaire mais aussi d'accès gratuit à la santé. Elles reconnaissent également que venir accoucher à Mayotte est un projet de vie, pour faire attribuer la nationalité française à leurs gamins par la naissance à Mayotte pour ensuite régulariser leur propre situation et ainsi pouvoir fuir définitivement la misère des Comores.

Comment en est-on arrivé à cet appel d'air ? Nous y sommes arrivés par plusieurs étapes, conçues et organisées de longue date et de longues mains pour combattre la francité de Mayotte, pour des raisons de pure idéologie et de la politique politicienne, des raisons qui sont destinée à céder Mayotte aux Comores par la démographie, et contourner les résultats des suffrages qui sont démocratiquement exprimés par les Mahorais le 22 décembre 1974 et après.

Tout remonte à 1975, année au cours de laquelle les Comores accèdent à l'indépendance. À cette date, la gauche est viscéralement contre le maintien de Mayotte dans la France, et exprime son point de vue en invoquant et agitant l'émancipation des peuples « *non autonomes* », donc le droit à l'autodétermination ou droit des peuples à disposer d'eux-mêmes. La gauche méconnaît délibérément la résolution 1541 (XV) adoptée le 15 décembre 1960 par l'Assemblée générale de l'ONU et dont le Principe VI énonce une règle de Droit international public jamais démentie : « *On peut dire qu'un territoire non autonome a atteint la pleine autonomie :*

a.- Quand il est devenu État indépendant et souverain ;

b.- Quand il s'est librement associé à un État indépendant ou

c.- Quand il s'est intégré dans un État indépendant ».

La gauche rejette également la résolution 2625 (XXV), qui a été adoptée par l'Assemblée générale de l'ONU le 24 octobre 1970, et pour qui, « *la création d'un État souverain et indépendant, la libre association ou l'intégration avec un État indépendant ou l'acquisition de tout autre statut politique librement décidé par un peuple constituent pour ce peuple des moyens d'exercer son droit à disposer de lui-même*».

Le 13 juin 1990, François Mitterrand est en visite d'État aux Comores où, cédant aux habituelles sirènes comoriennes selon lesquelles « *les Comoriens souhaitent aller à Mayotte* » pour rendre visite à des proches, ou pour des événements sociaux comme le mariage d'un ami ou d'un membre de leur famille, a décidé de supprimer le visa d'entrée à Mayotte dans le dessein de favoriser « *l'unité des Comoriens que sont les Mahorais et les autres* ».

Entre 1990 et 1994, les Comoriens se rendant à Mayotte sans visa refusent de repartir vers leur pays et se maintiennent sur l'île française. Devant ce constat, le gouvernement alors dirigé par Édouard Balladur revient sur cette suppression du visa pris sur place et impose un visa délivré au départ des Comores. Par la suite, l'accord du 27 janvier 2000 signé entre le gouvernement dirigé par Lionel Jospin et l'ensemble de la classe politique locale prescrit l'identité législative dans de nombreuses branches du Droit, à l'exclusion de certaines matières dont le Droit des étrangers.

Sur ce point, l'accord du 27 janvier 2000 stipule : « [...]. *Afin de prévenir l'immigration régulière, un dispositif de sanctions pénales sera institué et l'État renforcera les moyens affectés au contrôle des flux migratoires* »[1].

C'est dire qu'à l'époque, déjà, l'immigration clandestine est un sujet de préoccupation locale. Or, au lieu de respecter l'esprit et la lettre de cet accord, le gouvernement décide sur le dos des Mahorais, d'adopter une ordonnance datée du 26

[1] Accord du 27 janvier 2000, *JORF*, Paris, 8 février 2000, Texte n°8.

avril 2000 relative aux conditions d'entrée et de séjour des étrangers à Mayotte. Ce texte, qui a été adopté sans l'avis des Mahorais, a abrogé pour Mayotte, la loi du 3 décembre 1849 sur la naturalisation et le séjour des étrangers en France, mais aussi la loi du 29 mai 1874 qui rend applicable aux colonies la loi du 3 décembre 1849. Loin d'instaurer un dispositif de sanctions pénales, l'ordonnance organise et favorise l'accueil des migrants et le regroupement de leurs familles. Elle ouvre l'accès à l'asile sur le territoire, etc.

Judicieusement, José Balarello, rapporteur au Sénat du projet de loi sur la consultation de la population de Mayotte, interpelle à la fois l'opinion publique et les gouvernants sur les conséquences désastreuses de l'ordonnance sur Mayotte, petit caillou de 374 km² dans l'océan Indien occidental, à l'entrée du Canal de Mozambique : « *Mayotte est aujourd'hui confrontée au défi d'une croissance démographique extrêmement rapide. La population recensée est en effet passée de 32.607 habitants en 1966 à 47.246 en 1978, 67.167 en 1985, 94.410 en 1991 et 131.368 en 1997* ».

Au rythme d'accroissement annuel moyen enregistré entre les deux derniers recensements (+5,8%), la population devait dépasser 250.000 en 2010. Il en résulte une densité démographique de plus de 350 habitants au km², comparable à celle des Pays-Bas, et une grande jeunesse de la population : 56% de la population a moins de 20 ans (contre 26% en métropole).

L'accroissement démographique s'explique pour les deux tiers par un taux de natalité particulièrement élevé (43 pour 1000 habitants). En effet, la fécondité, qui atteint 5,2 enfants par femme, n'est pas encore maîtrisée, à la différence de l'évolution constatée dans le département de la Réunion.

Pour le dernier tiers, il est imputable à l'immigration. Le taux annuel du solde migratoire est de +3%. Le nombre d'étrangers recensés s'élève à 28.300, auxquels il faut ajouter 15 à 20.000 étrangers en situation irrégulière, la population immigrée étant constituée pour l'essentiel de Comoriens (80% environ) et de Malgaches. On constate, en effet, une importante immigration clandestine en provenance surtout d'Anjouan, située à 70 km de Mayotte.

Le niveau de développement de Mayotte, sa relative prospérité économique surtout par rapport aux Comores et aux pays d'Afrique continentale, ses équipements sanitaires exercent une forte attraction sur les populations des autres îles, beaucoup plus pauvres.

Or, les moyens de lutte contre l'immigration clandestine sont dérisoires : 3 vedettes seulement, plus un radar mobile. 7.800 reconduites à la frontière ont été effectuées en 1999, auxquelles s'ajoutent 9.000 départs volontaires. Cependant, les personnes reconduites aux frontières reviennent tout de suite après leur expulsion. Les textes applicables sont désuets et il n'existe pas d'incriminations spécifiques permettant de sanctionner les passeurs qui sont poursuivis sur le fondement de la mise en danger de la vie d'autrui. Au total, en 1999, le coût de l'immigration clandestine est évalué à 100 millions de francs par an, dont 20 millions de francs pour l'hôpital[1].

En 2000, le taux d'immigration était de 28%. En moins d'un quart de siècle, la population d'origine mahoraise est passée de 90% à 30%, et la population d'origine étrangère de 10 à 60%.

Comment en est-on arrivé à cette extrémité ? Au fond, et pour répondre à cette interrogation, il convient de remonter dans le temps, depuis la séparation définitive de Mayotte avec les Comores en juillet 1975. La question de l'invasion migratoire est posée à la collectivité de Mayotte : au départ, en 1978, avec sa complicité qui, pour dénoncer, à la face du monde les atrocités du régime sanguinaire d'Ali Soilihi, le premier putschiste comorien, le gouvernement français avait favorisé l'arrivée des premiers « *Kwassa Kwassa* » sur l'île et installé le premier camp des migrants comoriens à Pamandzi.

---

[1] José Balarello, Sénateur : Rapport n°270, Paris, 18 mars 2000, p. 21.

Très vite, sous l'égide de Mme Zena M'Déré, les Mahorais se sont opposés à la présence sur leur territoire de ceux-là mêmes qui ont été leurs tortionnaires déjà avant 1841, puis durant la période de l'autonomie interne du Territoire des Comores. Si dans l'immédiat, cette présence indésirable a été transférée dans l'Hexagone, les mouvements des populations n'ont pas tari. Bien au contraire, ils se sont développés et amplifiés jusqu'à 1994, date à laquelle est intervenu le visa, dit « *visa Balladur* » du nom d'Édouard Balladur, le Premier Ministre de l'époque.

En visite à Mayotte, celui-ci justifiait cette mesure dans les termes suivants : « *Je voudrais aussi évoquer une autre mesure qui est de nature à réaffirmer la souveraineté française à Mayotte. Mayotte dispose d'équipements de base, d'hôpitaux et de dispensaires, par exemple, qui en font un îlot de prospérité et de solidité* [...].

J'ai donc décidé de rétablir l'exigence du visa préalable qui est nécessaire aux ressortissants comoriens pour entrer sur le sol de la collectivité française de Mayotte »[1].

Les mesures prises jusqu'ici étaient insuffisantes pour endiguer un phénomène largement analysé lors de différents débats parlementaires. Par la suite, le gouvernement propose, dès 2005, de déroger au droit du sol, car à cette date, les témoignages des migrants tout aussi bien localement qu'à Anjouan montrent que toutes les femmes anjouanaises rêvent de venir accoucher à Mayotte pour donner la chance à leurs enfants de bénéficier du droit du sol et de devenir Français, et par l'occasion de régulariser leur situation administrative personnelle sur le territoire, afin de sortir de l'illégalité par

---

[1] Allocution du Premier ministre Édouard Balladur devant le Conseil général de Mayotte, le 24 novembre 1994, cité par **Kamardine (Mansour) :** *Discours de la République pour Mayotte. Préface* de Jacques Chirac, Président de la République Française, Éditions Orphie, Collection « *Essais et Documents* », Série « *Discours* », Saint-Denis, La Réunion, 2007, p. 71.

l'illégalité. La mise en garde sénatoriale de 2001 est restée sans suite jusqu'en 2005, quand François Baroin, ministre de l'Outre-mer, proposait la suppression du droit du sol, comme cela est indiqué ci-haut : « *À Mayotte, j'étudie la possibilité de limiter à un délai d'un an après la naissance de l'enfant la période pendant laquelle un Français peut reconnaître un enfant naturel dont la mère est étrangère. On peut également envisager de modifier ou de suspendre temporairement certaines règles relatives à l'acquisition de la nationalité française à Mayotte. Par exemple, poser la règle de la régularité du séjour des parents comme condition pour l'accès ultérieur des enfants à la nationalité française.* [...]. *Il faudrait l'envisager pour certaines collectivités d'outre-mer, car nous sommes confrontés à des politiques de peuplement non maîtrisées.*

Si l'on ne fait rien maintenant, à terme, ce sera l'explosion sociale. Pour enrayer ce phénomène, nous devons avoir recours à des mesures à caractère exceptionnel. Une remise en question du droit du sol ne provoque pas les mêmes réticences outre-mer qu'en métropole. [...].

La mobilisation de tous est nécessaire. La loi doit s'accompagner de moyens conséquents et d'une implication forte de toutes les administrations de l'État. Je m'engage à veiller à ce que cette politique soit appliquée de manière prioritaire par nos préfets, hauts-commissaires, gendarmes, policiers, douaniers, et que l'armée puisse nous apporter son concours dans les zones difficiles.

Je ferai en sorte que ceux qui s'impliquent le plus dans cette politique soient récompensés. Surtout, il est essentiel que nos compatriotes d'outre-mer aient des attitudes responsables et civiques. On ne peut pas se plaindre de l'immigration clandestine et en même temps employer des clandestins comme jardinier, femme de ménage ou chauffeur de taxi. J'ai donné des instructions particulières pour qu'il soit fait une application la plus stricte des obligations statutaires, avec procédures disciplinaires systématiques, aux fonctionnaires et agents des services de l'État qui seraient convaincus de telles pratiques. [...]. *Nous allons voir ce qui marche le mieux, mais les situations sont différentes, il ne s'agit pas de faire un calque. Cela permet, quoi qu'il en soit, de faire bouger les lignes, de sortir des tabous. Le droit du sol ne doit plus en être un.*

J'ai bien conscience de l'importance de ce débat.

Des problèmes peuvent se poser au regard des libertés publiques et des conditions d'acquisition de la nationalité française, auxquelles je suis personnellement attaché. Mais lorsqu'on réduit le territoire et que l'on augmente les flux, ce n'est plus simplement un problème de cohésion sociale, c'est la question de la souveraineté qui est posée »[1].

À mon tour, j'ai « *embrayé* » dans le même sens par une proposition de loi : « *L'arsenal législatif et réglementaire en vigueur combiné aux efforts déployés depuis 2002 pour mettre effectivement en œuvre des moyens opérationnels proportionnés ne suffisent plus désormais à endiguer la très forte pression migratoire en provenance des Comores qui s'exerce sur Mayotte. L'ampleur de ce phénomène entraîne des conséquences très graves, au point de menacer la paix sociale et le développement économique et social d'une île qui connaît déjà des difficultés.*

La situation est, en effet, alarmante, et les chiffres sont édifiants : 80% des accouchements à la maternité de Mamoudzou sont le fait de femmes étrangères en situation irrégulière ; sur la base des naissances enregistrées depuis, ce sont environ 50.000 naturalisations, par l'effet mécanique du droit du sol, qui interviendront dans les 15 prochaines années, soit un tiers de la population mahoraise actuelle ; la maison d'arrêt de Majicavo est peuplée par plus de 70% de ressortissants étrangers ; les affaires traitées par le tribunal

---

[1] François Baroin, ministre de l'outre-mer, interview accordée au journal *Le Figaro Magazine*, Paris, le 17 septembre 2005.

de Mamoudzou concernent à presque 70% des personnes en situation irrégulière ; les établissements scolaires du premier degré sont fréquentés à presque 40% par des enfants en situation irrégulière (comme leurs parents) et le rythme pourtant élevé de constructions scolaires n'empêche pas l'augmentation du déficit en places d'une rentrée scolaire à l'autre. C'est l'ensemble du fonctionnement des services publics qui s'en trouve profondément affecté. À l'école, l'égalité des chances est compromise ; les enfants mahorais n'ont plus les mêmes conditions d'étude que les enfants métropolitains à cause de ces classes surchargées et en rotation constante (environ 280 à la rentrée 2005). En plus, compte tenu de leur retard ou absence de scolarisation tout court, des enfants de familles clandestines de plus de 15 ans se retrouvent à l'école primaire aux côtés d'enfants mahorais de moins de 8 ans. Dans près d'une décennie, Mayotte comptera plus d'étrangers en situation irrégulière que de Français. Mamoudzou et Koungou sont déjà majoritairement peuplées d'immigrés clandestins.

Cette situation exceptionnelle pose à l'évidence une grave question de souveraineté nationale. On ne saurait, en effet, tolérer une pareille situation sur quelque point du territoire national. Cet état de fait entraîne également de graves conséquences jusqu'en métropole, puisque Mayotte, par l'intermédiaire de la Réunion, est devenue le premier point d'entrée des étrangers clandestins en France.

Compte tenu de la législation en vigueur, et notamment des articles 21-7 et 21-11 du code civil, l'accouchement sur le sol mahorais s'inscrit clairement dans une stratégie délibérée d'acquisition de la nationalité française au bénéfice des enfants des étrangers en situation irrégulière. À terme, c'est la volonté même des Mahorais de demeurer Français, maintes fois exprimée depuis le rattachement de l'île à la France en 1841, en particulier lors des consultations populaires de 1974, 1976 et 2001, qui se trouve bafouée

[…]. *Dans cette perspective, la présente proposition de loi prévoit que les enfants nés à Mayotte de parents étrangers ne pourront prétendre au bénéficie des dispositions du code civil que si leur père ou mère se trouve lui-même en situation régulière au regard de la législation sur l'entrée et le séjour des étrangers.* […].

Le présent dispositif propose de mieux encadrer et préciser : les modes d'acquisition de la nationalité française par le mariage et la filiation naturelle ; le contrôle des actes de l'état civil ; la délivrance des actes de naissance ; la force juridique traditionnellement reconnue aux actes de notoriété comme mode de reconnaissance de filiation ; les conditions d'attribution des cartes de séjour temporaire et de résident ; les moyens coercitifs prévus par le code de l'urbanisme dans le cadre des constructions illégales ou de l'occupation d'un bien sans droit ni titre ; les conditions de preuve apportées par les jeunes écoliers pour bénéficier de la scolarité obligatoire ; les dispositions relatives au code du travail portant sur le travail illicite. […].

Cette réforme ne remet aucunement en cause le droit à la nationalité française reconnu à l'égard, d'une part, des enfants des citoyens de la République qui résident à Mayotte et, d'autre part, des enfants des étrangers en situation régulière qui y séjournent. Le principe dit du "droit du sol" *est donc maintenu, et il n'y est apporté qu'une exception limitée visant les seuls enfants d'étrangers en situation irrégulière. La différence de situation qui existe entre les étrangers en situation irrégulière et les étrangers en situation régulière justifie pleinement cette mesure et ne porte aucune atteinte au principe d'égalité ni aux traditions juridiques les mieux établies de notre République* »[1].

---

[1] Mansour Kamardine : *Proposition de loi relative au renforcement des dispositions de lutte contre l'immigration clandestine à Mayotte,* Paris, 28 septembre 2005.

Cette proposition n'a pas connu plus de succès que la sortie audacieuse de François Baroin. Pendant ce temps, le naufrage du bateau migratoire continue sous les eaux en turquoise de l'océan Indien et sous nos yeux. Et comme si la submersion n'était pas assez rapide, le gouvernement dirigé par Manuel Valls, sous la présidence de François Hollande, avait adopté une seconde ordonnance, le 7 mai 2014, portant extension et adaptation à Mayotte du droit de l'entrée et du séjour des étrangers et du droit d'asile.

Ce texte procède à l'extension quasi totale du CESEDA à Mayotte et crée un titre de séjour spécifique à l'île : « *Le titre de séjour délivré par le représentant de l'État à Mayotte* [...] *n'autorise le séjour que sur le territoire de Mayotte* »[1] (article L832-2).

Dans son rapport au président de la République, le gouvernement explique que « *la présente ordonnance répond à deux objectifs. D'abord, de transposer les directives européennes relatives à la migration légale et au retour, cette transposition étant rendue nécessaire par l'accession de Mayotte, à compter du 1er janvier 2014, au statut de région ultrapériphérique (RUP) de l'Union européenne ; enfin, de rapprocher la législation applicable à Mayotte en matière d'entrée et de séjour des étrangers du droit commun. Elle s'inscrit dans l'objectif de réduction des écarts avec le droit commun fixé par le Conseil d'État dans son avis du 20 mai 2010 sur la comptabilité du maintien d'une législation spécifique après le 31 mars 2011, date à laquelle Mayotte est devenue le 101ème département français.*

L'intégration de Mayotte dans le champ d'application du Code de l'entrée et du séjour des étrangers et du droit d'asile (CESEDA) qui a été retenue dans la présente ordonnance autorise une transposition totale et immédiate des directives

---

[1] Ordonnance du 7 juin 2014 portant extension et adaptation à Mayotte du Code de l'entrée et du séjour des étrangers et du droit d'asile, *JORF*, Paris, 10 mai 2014.

relatives aux migrations légales. Elle a l'avantage d'assurer un rapprochement avec le droit commun et une simplification juridique qui permettra d'envisager les futures évolutions législatives de manière rapide et harmonisée. Elle est également préconisée dans le rapport sur l'immigration comorienne à Mayotte présenté par M. Alain Christnacht en 2002, et met donc fin au régime de spécificité législative en matière de droit des étrangers sous réserve toutefois de certaines adaptations justifiées par le contexte migratoire particulier à Mayotte.

L'article 832-2 précise, par dérogation au principe d'unité du territoire d'application du CESEDA, que les cartes de séjour délivrées à Mayotte ne permettent le séjour qu'à Mayotte. En conséquence, il ne maintient l'exigence de visa que pour les ressortissants des pays tiers à l'Union européenne titulaires d'un titre de séjour en cours de validité à Mayotte souhaitant se rendre dans un autre département d'outre-mer ou de France métropolitaine.

Des exceptions sont toutefois prévues, d'une part, pour les titres de séjour délivrés en application de directives européennes prévoyant le libre accès à l'ensemble des territoires de la République (cartes de séjour portant la mention "scientifique – chercheur" *ou "carte bleue européenne" et cartes de résident portant la mention* "résident de longue durée-CE" *et, d'autre part, pour l'ensemble des cartes de résident, qui exempteront leurs titulaires de visa pour se rendre dans un autre département* »[1].

Très vite, les conséquences de cette disposition enserrant « *tout ce petit monde* » sur un petit caillou se font jour : les titres de séjour sont délivrés sans aucun contrôle sérieux quant à la sincérité ou l'authenticité des documents produits pour l'instruction des dossiers, faute de moyens en personnel

[1] Rapport au président de la République relatif à l'ordonnance n°2014-464 du 7 mai 2014 portant extension et adaptation à Mayotte du Code de l'entrée et du séjour des étrangers et du droit d'asile (partie législative).

pour procéder aux contrôles d'usage. Cette absence de contrôle fait de la Préfecture de Mayotte l'administration de l'État qui brasse le plus grand nombre de faux papiers à la base desquels sont délivrés les titres de séjour.

M. Boinali Saïd, alors député de Mayotte, demande au gouvernement d'abroger l'ordonnance du 26 avril 2000 ; il demande également que les détenteurs d'un titre de séjour délivré à Mayotte puissent jouir pleinement du droit de circuler sur l'ensemble du territoire national français, en un mot, la fin du titre de séjour territorialisé.

Voici la réponse que lui fait le gouvernement dirigé par Manuel Valls, lors de la présidence de François Hollande : « *Selon le rapport sur l'immigration comorienne à Mayotte, remis en 2012 au gouvernement, l'immigration irrégulière représenterait, 75.000 personnes, 34% de la population de l'île et cause de forts déséquilibres socio-économiques qu'il convient de contenir.* [...]. *Compte tenu de l'importance de l'immigration irrégulière à Mayotte et dans le souci de ne pas l'aggraver, il a été décidé de maintenir la validité territoriale limitée des cartes de séjour temporaire, délivrées par le préfet de Mayotte au seul territoire mahorais.*

Dès lors, si le bénéficiaire souhaite se rendre en France métropolitaine ou dans un département d'outre-mer, il doit solliciter une autorisation auprès du préfet de Mayotte. [...]. *La situation migratoire à Mayotte implique une adaptation progressive de nos textes et leur évaluation en continu. Le gouvernement restera attentif à l'évolution de la situation de Mayotte et pourra proposer le cas échéant, une adaptation du cadre législatif* »[1]. Le préfet de Mayotte à cette date serait un ami personnel du Premier ministre. Il déclare au journal télévisé de Mayotte la 1ère s'opposer à la lutte contre l'immigration clandestine, étant lui-même un pur et vrai produit de l'immigration. Dont acte !

[1] Assemblée nationale, *JORF,* Débats, Questions d'actualité. Réponse à M. Boinali Saïd, député de Mayotte, Paris, 20 janvier 2015.

Alors que la situation continue à se dégrader de manière irrémédiable localement, tant sur le plan migratoire, que sur le plan sécuritaire, le Premier ministre Manuel Valls effectue une visite officielle à Mayotte au cours de laquelle il aborde la question dans son discours aux élus.

Il propose comme solutions des rustines : « *Je n'oublie pas que le quotidien des Mahorais est marqué par deux fléaux qu'il faut combattre.*

Tout d'abord l'insécurité.

Longtemps paisible, Mayotte est aujourd'hui victime d'un niveau de délinquance inquiétant. Je pense en particulier aux cambriolages à répétition qui exaspèrent nos concitoyens qu'ils soient originaires de l'île ou qu'ils viennent de métropole.

Je pense aussi aux violences sur les personnes. C'est pourquoi, j'ai demandé au ministre de l'Intérieur, qui est venu ici l'an dernier, d'affecter un peloton de gendarmerie supplémentaire à Mayotte, qui arrivera dès le mois d'août 2015. Si les 17 communes signent toutes un CLSP, l'État sera là pour les accompagner.

L'immigration clandestine fragilise aussi grandement la cohésion de l'île. Depuis Anjouan, les départs de Kwassa Kwassa *ne cessent pas, en dépit des moyens que nous avons déployés (radars, moyens nautiques, effectifs).*

Dans ce domaine de l'immigration clandestine, il faut éviter les faux débats. Pas de remise en cause du droit du sol. Nous devons faire preuve d'une plus grande fermeté et autorité : nous y veillerons. Les effectifs de la Police aux Frontières seront donc renforcés de 44 agents afin d'assurer efficacement le fonctionnement du nouveau Centre de rétention administrative, qui ouvrira enfin en septembre prochain. Mais, et vous le savez, on ne résoudra jamais cette situation sans une approche coopérative efficace avec l'Union des Comores. Pour autant, la perspective d'un assouplissement du visa "Balladur" *ne peut raisonnablement pas être envisagée sans un engagement effectif de l'Union des Comores à maîtriser les flux migratoires, notamment en provenance d'Anjouan. Et ce sont des sujets que notre diplomatie suit attentivement.*

Et, bien sûr, il y a la question des mineurs isolés. C'est une situation qui, sur le plan humain, ne peut pas laisser indifférent. Des mineurs sont en situation d'isolement parfois durable, sans liens familiaux sur le territoire »[1].

Ces propos confirment la parfaite connaissance qu'il a de la situation d'insécurité, d'immigrations et de mineurs isolés. Seulement, il nous a payé des mots. Après son passage, rien de sérieux n'est entrepris pour endiguer les 3 fléaux. Il a surtout maintenu le titre de séjour territorialisé pour refuser aux Comoriens de se rendre dans l'Hexagone. Dès lors, leur arrivée massive à Mayotte et leur maintien sur place ne le préoccupent point.

Alors que la situation continue à se dégrader de manière irrémédiable, le député Ibrahim Aboubacar saisit l'occasion du débat portant sur le projet de loi de 2016 pour proposer un amendement dont le contenu est le suivant : « *Dans le département de Mayotte, ces dispositions sont applicables lorsque l'un au moins des parents se trouve en situation régulière au moment de la naissance de l'enfant* »[2].

Il avait justifié sa proposition par les éléments factuels suivants : « *Les motivations de ces immigrés illégaux sont diverses : économiques, sanitaires ou encore fondées sur l'espoir d'acquisition de la nationalité française par naissance. Cette population clandestine, la plupart du temps en grande précarité, est amenée à se rassembler dans des bidonvilles dépourvus de toutes les commodités d'hygiène. L'INSEE a recensé qu'en 2012, sur 55.000 logements à*

---

[1] Déclaration de Manuel Valls, Premier ministre, sur l'ancrage de Mayotte dans la République : Les principales orientations et priorités du projet « *Mayotte 2025* » et la sécurité à Mamoudzou, le 13 juin 2015.

[2] https://www.assemblee-nationale.fr/14/amendements/4064/AN/208.asp

Mayotte, 19.000 sont des "cases en tôle", *soit 1/3 d'entre eux, installées pour la plupart sur le domaine public ou sur des propriétés privées squattées. En outre, 2/3 sont dépourvus du confort de base (contre 1,5% dans l'Hexagone) et 30% d'entre eux n'ont pas de point d'eau à l'intérieur.*

Principalement issue des Comores, elle y vit en grande détresse.

Des femmes enceintes dans les îles voisines prennent ainsi de très grands risques pour pouvoir accoucher à Mayotte dans l'objectif et l'espoir de voir leurs enfants acquérir la nationalité française par le droit du sol.

Avec plus de 30 accouchements par jour, soit plus de l'équivalent d'une salle de classe, l'hôpital de Mayotte est depuis plusieurs années la première maternité de France. Ces enfants restent ensuite sur le territoire parfois dans leurs familles, parfois dans des familles d'accueil, sans perspectives, dans l'attente d'acquérir la nationalité française »[1].

Il avait fini par le retirer à la suite des promesses du gouvernement de lui mettre à disposition un collège d'experts du sujet et notamment des professeurs de Droit afin de réfléchir à une rédaction susceptible d'échapper à la censure constitutionnelle. Les échanges qu'il eut avec lesdits experts n'ont pas prospéré davantage, dans la mesure où le cahier des charges du gouvernement dirigé par Manuel Valls consistait non pas à réunir des solutions légistiques pour favoriser une rédaction technique non critiquable de la question, mais à convaincre le parlementaire de renoncer à sa proposition, « *au nom des principes de gauche* ».

Enfin, la loi Collomb nous offrait l'occasion de remettre le métier à l'ouvrage. Après le rejet de notre amendement en première lecture, l'Assemblée a adopté celui du sénateur Thani Mohamed Soilihi, avec le soutien du président de la République, comme j'ai pu l'évoquer ailleurs.

---

[1] Amendement n°208 du 30 septembre 2016 dans le projet de loi Égalité Réelle Outre-Mer.

Le droit du sol vient de subir une dérogation. Cette disposition soumise à la censure du Conseil constitutionnel a été finalement adoubée par la haute juridiction, faisant ici l'expérience que l'autocensure législative n'a jamais été une grande ambition du législateur.

C'est la première dérogation d'un triptyque : droit du sol, regroupement familial, et déclaration de reconnaissance de la souveraineté française à Mayotte qui vient d'être adopté.

CHAPITRE XII. DROIT DU SOL AMÉNAGÉ ET AUX CONSÉQUENCES NÉFASTES

La loi Collomb (du nom de Gérard Collomb) de 2018 a prescrit un aménagement dérogatoire de l'accès au droit du sol à Mayotte : « *Pour accéder à la nationalité française au titre de sa naissance, l'enfant à Mayotte doit prouver qu'à sa naissance au moins un de ses parents était en situation régulière à Mayotte depuis au moins trois mois avant cette naissance* ». Il avait fallu attendre le débat de 2018 et l'intervention du chef de l'État pour convaincre le parlement et surtout l'Assemblée nationale à voter cette disposition.

Reprenons le fil des débats. Le projet de loi a d'abord été examiné par l'Assemblée nationale. Au cours des débats, j'ai proposé de déroger au droit du sol pour le seul département de Mayotte, compte tenu de ses spécificités locales. Voici les échanges entre la majorité, le gouvernement, et moi-même : « *À cet égard, nous pouvons déjà constater ce qui se profile à l'horizon, en France et aux frontières extérieures de l'Union européenne, en particulier à Mayotte et en Guyane. À Mayotte, nous sommes submergés. Nous comptons environ un tiers de Français, un tiers de Comoriens en situation régulière et un tiers de clandestins. Parmi les enfants nés à Mayotte, 74% le sont de mères étrangères. L'État est en échec partout : dans sa politique éducative, comme dans ses politiques de santé, de sécurité et d'aménagement du territoire. Les Français de Mayotte sont déjà des étrangers chez eux et, après avoir vu leur liberté réduite par l'insécurité, ils sont condamnés à demeurer* ad vitam aeternam *les laissés-pour-compte de l'égalité républicaine. C'est ce qui explique l'actuelle et profonde crise que traverse Mayotte.*

L'Afrique, M. le ministre d'État, compte aujourd'hui 1,2 milliard d'habitants, et elle en comptera le double demain. La pression migratoire ira donc croissante. Si la France n'est pas en mesure de faire face à la pression migratoire de moins d'un million de Comoriens vers Mayotte, alors que les deux îles ne sont séparées que par 70 kilomètres de pleine mer, comment l'Europe pourrait-elle, demain, faire face à la pression migratoire de 2,5 milliards de personnes, s'exerçant sur des milliers de kilomètres de côtes, et alors que la distance entre les deux continents n'est que de 14 kilomètres à Gibraltar et de 70 kilomètres avec le territoire italien de Pantelleria ? M. le ministre d'État, Mayotte est un test pour la France et pour l'Europe, car on y voit ce qui pourrait se produire en métropole.

La situation de Mayotte est la conséquence d'une politique migratoire rendue inefficiente par manque de volonté, par aveuglement, par angélisme et par manque de moyens et qui souffre en outre, depuis 2012, du développement d'une maladie auto-immune – je veux parler de l'affaiblissement de nos défenses par un appareil diplomatique qui, clairement, se retourne contre nous, à tout le moins à Mayotte.

Mayotte est bien un test pour la France et pour l'Europe, une fenêtre sur un avenir possible, pour le meilleur ou pour le pire. C'est pourquoi, Monsieur le ministre d'État, je vous demande d'enrichir votre projet en l'adaptant à la situation de Mayotte. Dotez l'État et la Justice de solutions innovantes de maîtrise des flux migratoires ! Ces solutions résident dans la mise en œuvre du droit d'adaptation qui nous est reconnu par l'article 73 de la Constitution. Aussi, je vous proposerai un certain nombre d'amendements, cosignés par des collègues de différents groupes politiques, y compris de la majorité, tendant à modifier le code pénal, le code civil, ainsi que le code de l'entrée et du séjour des étrangers et du droit d'asile.

Ils concernent : l'application à Mayotte de certaines dispositions pénales déjà en vigueur en métropole ; l'application du droit commun par la suppression des titres de séjour d'exception délivrés à Mayotte, qui condamnent les détenteurs à y stationner ; la lutte contre le détournement massif du droit de la nationalité et du regroupement familial à Mayotte ; l'éloignement, enfin, des fauteurs de trouble à l'ordre public »[1].

Voici la réponse du gouvernement : « *Monsieur Mansour Kamardine, j'ai apprécié la phrase finale de votre intervention. S'il est un territoire où l'on peut voir ce qui pourrait arriver de meilleur et de pire, c'est bien votre île. Si nous sommes incapables d'apporter une solution à l'immigration irrégulière, alors naît la violence, alors se déclarent les fractures. C'est ce qui se passe actuellement à Mayotte. Pendant la crise que votre île a traversée, j'ai suivi l'évolution de la situation par visioconférence avec les responsables locaux. Je sais que nous sommes loin d'avoir résolu tous les problèmes, et j'aurai l'occasion, au cours des débats, d'apporter un certain nombre d'éléments de réponse sur les projets du gouvernement pour faire en sorte que Mayotte retrouve un élan et ne soit plus victime de telles fractures* »[2].

En attendant, malgré cette belle déclaration, l'Assemblée nationale a rejeté l'amendement. Par la suite, le sénateur Thani Mohamed Soilihi a déposé un amendement en s'en

---

[1] XVème législature. Mansour Kamardine, *JORF,* Débats, Session ordinaire de 2017-2018, 2ème séance du mardi 17 avril 2018.

[2] XVème législature. Gérard Collomb, ministre d'État, *JORF,* Débats, Session ordinaire de 2017-2018, 2ème séance du mardi 17 avril 2018.

inspirant. Puis, suivant le conseil d'un ses amis, il a demandé et obtenu du président du Sénat de saisir pour avis le Conseil d'État quant à la constitutionnalité d'une telle mesure si elle était adoptée.

En réponse, le Conseil d'État « *observe que les règles relatives à la nationalité relèvent de la compétence du législateur et qu'ainsi celui-ci a pu modifier à plusieurs reprises les conditions d'acquisition de la nationalité française dans le cadre du droit du sol.*

Le Conseil d'État rappelle que les dispositions relatives à l'acquisition de la nationalité par le droit du sol prévues depuis le dix-neuvième siècle dans le droit français, si elles ont été rendues applicables très tôt dans les départements d'outre-mer, n'ont, en revanche, pas été étendues de manière constante dans les anciens territoires d'outre-mer. Ainsi, à Mayotte, le droit du sol a été rendu applicable à la suite de la loi du 10 août 1927 mais le décret du 6 septembre 1933 a mis fin à cette applicabilité. Cette situation a perduré jusqu'à l'entrée en vigueur de la loi du 22 juillet 1993 ; estime que la proposition de loi se place dans le cadre de l'article 73 de la Constitution qui permet, dans les départements et régions d'outre-mer, des adaptations aux lois et règlements tenant aux caractéristiques et contraintes particulières de ces collectivités.

Dans ce cadre, le Conseil constitutionnel a admis qu'à Mayotte, le tirage au sort des jurés d'assises se fasse sur une liste restreinte de citoyens établie par certaines autorités et non sur les listes électorales dès lors qu'une proportion importante de la population de Mayotte ne remplit pas les conditions d'âge, de nationalité et de connaissance de la langue et de l'écriture françaises exigées pour exercer les fonctions d'assesseur-juré (décision n°2016-544 QPC du 3 juin 2016). Il a aussi admis une dérogation au caractère suspensif des recours en matière d'éloignement des étrangers en situation irrégulière pour prendre en compte la situation particulière et les difficultés durables des collectivités concernées en matière de circulation internationale des personnes (décision n°2003-467 DC du 13 mars 2003). Le Conseil d'État estime alors que si de telles caractéristiques et contraintes sont établies et que l'ampleur des adaptations est proportionnée, ces adaptations ne peuvent encourir aucune critique au regard du principe d'égalité ou du principe d'indivisibilité de la République. [...]. *Avant de constater qu'il ressort de données récentes établies par l'INSEE que 41% des résidents de Mayotte sont de nationalité étrangère, ce qui constitue la part la plus élevée dans les départements français et que la moitié des étrangers non natifs de Mayotte se trouve en situation irrégulière, ce taux d'irrégularité étant de 74% chez les 18-24 ans.*

Par ailleurs, le nombre de naissances à Mayotte a augmenté de 45% entre 2013 et 2016, avec 9.500 naissances en 2016, le taux de natalité pour la France entière étant de 12 pour mille contre 40 pour mille à Mayotte.

Dans ce département, en 2016, 74% des enfants sont nés de mères étrangères, notamment comoriennes. La part des enfants nés de deux parents étrangers (sans distinction sur la régularité du séjour) passe de 28 à 42% de 2014 à 2016.

En conclusion, il considère qu'il résulte de la situation géographique et historique de Mayotte que les ressortissants d'une seule nationalité, les Comoriens, représentent 94% des étrangers vivant à Mayotte alors que l'Union des Comores ne reconnaît pas l'appartenance de Mayotte à la République française. Ainsi qu'il a été dit au point 2, la venue de ces personnes se fait dans des conditions périlleuses pour leur vie, entretenant en outre les activités illégales des passeurs, et conduit à ce que des enfants soient laissés sans prise en charge sur le territoire mahorais alors que leurs parents sont éloignés du territoire. Cette situation emporte également des conséquences en termes d'ordre public. Sont notamment constatées une saturation des services sanitaires et une sur-

occupation des établissements scolaires, conduisant à une scolarisation par rotation, dont pâtit l'ensemble de la population résidant à Mayotte.

Le Conseil d'État estime que ces éléments constituent des caractéristiques et contraintes particulières au sens de l'article 73 de la Constitution. Au surplus, la limitation des conséquences en termes d'ordre public des flux migratoires irréguliers à Mayotte répond à un objectif d'intérêt général. Il semble au Conseil d'État que la spécificité de Mayotte justifie que la proposition de loi se limite à ce département et ne s'étende pas d'autres collectivités françaises »[1].

Sur cette base, le Sénat a adopté l'amendement contre l'avis du gouvernement et de son groupe politique, avec le soutien du groupe Les Républicains, et un fervent soutien du président Gérard Larcher, et du président de la Commission des Lois de cette haute assemblée.

De nouveau, à l'Assemblée nationale, il a fallu une sortie du président de la République à la suite d'une rencontre à l'Élysée avec les parlementaires et les maires ultramarins pour vaincre les résistances de sa majorité parlementaire. Il avait déclaré en substance : « *Lors des débats, j'ai noté que l'évolution proposée par le sénateur Thani Mohamed Soilihi faisait consensus. Je veux donc dire ici que je soutiens cet amendement* ». Finalement, la loi Asile Immigration de septembre 2018 fut adoptée avec la dérogation au droit du sol. La réforme n'ayant pas répondu à l'effet escompté, le gouvernement a annoncé en février 2024 sa suppression.

Dès cette annonce par le gouvernement de le supprimer pour Mayotte et à l'instar d'autres responsables politiques, les députés Sacha Houlié, président de la Commission des Lois, et Élodie Jacquier-Laforge, vice-présidente de l'Assemblée

---

[1] Conseil d'État : Avis n°394925 sur la proposition de loi tendant à adapter aux caractéristiques et contraintes particulières de Mayotte les règles d'acquisition de la nationalité française par une personne née en France de parents étrangers.

nationale, ont décidé de se rendre sur l'île de Mayotte pour s'imprégner des réalités du territoire. Je sais qu'ils n'en sont pas déçus par rapport à ce que les représentants de Mayotte au parlement répètent inlassablement. Avant même son départ de Paris, Sacha Houlié en avait annoncé la couleur : « *Je viens voir pour qu'on ne puisse pas me dire que je ne connais pas. Je ne suis pas favorable à la suppression du droit du sol* ». S'il a pris le temps de parcourir le territoire dans ses multiples facettes pour mieux comprendre les enjeux auxquels Mayotte est confrontée, il n'en demeure pas moins que ses convictions, quant à ce qu'il y a lieu de faire pour répondre à ces enjeux, étaient déjà bien ancrées.

Comme notamment certaines missions de l'Inspection générale qui nous rendent visite, souvent les rapports de ces missions sont écrits avant même que ne soit effectué le déplacement envisagé car les convictions sont faites avant l'arrivée dans le département.

Lors de son déplacement à Mayotte, le président de la Commission des Lois a eu pour premier contact la Direction de l'association Solidarité Mayotte, une structure lourdement mise en cause par les Collectifs locaux, mais pas que..., par le gouvernement également, quant à son rôle dans l'arrivée des migrants clandestins à Mayotte.

Cela étant, et comme le dit le dicton « *à quelque chose, malheur est bon* ». Les deux parlementaires restent drapés dans leurs convictions et dans leurs certitudes. Cela est bien sûr respectable même si je le regrette. Tout est à leur honneur car souvent, ce que nous reprochent nos concitoyens, c'est de manquer de convictions.

En revanche, cette visite leur a permis de découvrir l'île, d'être confrontés à sa réalité. Ils ont adressé au gouvernement des propositions pour faire sortir Mayotte de l'enfer. À défaut de les avoir convaincus de faire supprimer le droit du sol, Mayotte les a bien convaincus de l'utilité de venir à son secours de façon vigoureuse. Ils proposent ce qui suit :

- Amendement sur la faculté de filmer des évènements sur la voie publique pour les transports scolaires à Mayotte ;
- Disposition pour bloquer les échanges entre le territoire français et les Comores ;
- Augmentation des dotations en faveur du GAO ;
- Reconquête territoriale de l'îlot Mtsamboro impliquant une implantation d'une base fixe et de la pose de nouveaux équipements de type radar ;
- Création d'un organe de coordination de l'action de l'État en mer, sur terre et dans les airs ;
- Redéfinition du domicile pour accélérer les conditions du décasage ;
- Introduction de mesures de l'état d'urgence sanitaire pour permettre des visites domiciliaires chez les marchands de sommeil et les passeurs ;
- Gestion des « *ni-ni* » et questions pour ceux susceptibles de trouver du travail après avoir été formés dans les écoles mahoraises ;
- Suspension de l'acquisition de la nationalité française lorsqu'une enquête est conduite pour reconnaissance frauduleuse de paternité ;
- Annulation automatique des droits issus d'une reconnaissance frauduleuse ;
- Sanctionner par non-reconnaissance de la nationalité les mères qui accouchent sous une fausse identité ;
- Départementalisation du système de l'état civil (I.) pour assurer la coordination entre le CHM et les mairies et (II.) pour éviter les mairies complaisantes en matière de toute reconnaissance frauduleuse, PACS et mariages blancs ;
- Mieux contrôler et sanctionner les récidivistes lors de leur passage en Centre de Rétention administrative (CRA) et meilleure utilisation du management des places et du système ANEF [Administration numérique des Étrangers en France] ;

- Soutenir la participation des Mahorais aux Jeux des Îles de l'océan Indien sous la bannière française ;
- Préparer et aménager la convergence sociale réclamée par les habitants, mais crainte par les entreprises (prêtes à discuter d'un calendrier transitoire jusqu'en 2031) ;
- Permettre aux jeunes qui suivent les études de passer le diplôme, quelles que soient leur nationalité et leur situation administrative[1].

Je regrette que les collègues de la gauche à l'Assemblée nationale n'aient pas pris la même initiative de venir voir afin de mieux nourrir un débat serein, sans tabous, ni préjugés. Et ce n'est pas, pour certains, faute de les y avoir invités.

La démarche des collègues est plus qu'appréciable, bien qu'à mon avis, leur positionnement contre la suppression du droit du sol obéit plus à d'autres logiques, d'idéologie et de politique politicienne, qui dépassent la seule réelle prise en compte des difficultés de Mayotte.

Cette affirmation procède de la connaissance publique de la réalité de ce dossier. D'abord, et contrairement à ce qui a pu être dit ici où là, le « *tsunami migratoire* » affectant l'île de Mayotte trouve sa *justification* dans la volonté de milliers de Comoriens d'acquérir la nationalité française. Ceux-là connaissent mieux que nous les arcanes de nos lois dans leurs faiblesses et dans leurs failles. De nombreux témoignages recueillis par la presse nationale rapporte cette volonté de tout faire pour qu'un membre au moins de chaque famille des Comores vienne accoucher à Mayotte et donner une chance à l'enfant qui y sera né de devenir Français pour, ensuite, favoriser la régularisation de la famille toute entière.

Les opposants à la suppression du droit du sol sont ceux de nos dirigeants qui n'ont pas compris la détermination des Comoriens à devenir Français par tous les moyens, y compris les plus illégaux. Ils affirment, non sans raison, mais sans

[1] Propositions de Sacha Houlié et Élodie Jacquier-Laforge pour la Loi Mayotte, à l'issue de leur mission à Mayotte, du 20 au 24 mars 2024.

nuance non plus, que la dérogation de 2018 n'a pas réussi à décourager les candidats à l'immigration clandestine. Tel est leur principal argument de défense contre la suppression du droit du sol à Mayotte. Cette analyse est erronée car elle ignore délibérément le comportement des Comoriens vis-à-vis de la nationalité française.

J'observe souvent dans leur attitude qu'ils chérissent la nationalité française mais revendiquent tous et toujours « *l'île comorienne* "sœur"*de Mayotte* », dans leur volonté affirmée d'amputer la France d'une partie de sa souveraineté nationale et territoriale.

Bref, à la différence des Mahorais, qui aiment la France, les Comoriens aiment la nationalité française et non la France elle-même.

CHAPITRE XIII.
DE L'AMÉNAGEMENT DU DROIT AU REGROUPEMENT FAMILIAL

La loi du 26 janvier 2024 sur l'asile et l'immigration a introduit en son article 82 un article L441-9 dans le Code de l'Entrée et du Séjour des Étrangers et du Droit d'Asile ainsi conçu : « *L'étranger qui séjourne régulièrement à Mayotte depuis au moins trois ans, sous couvert d'un des titres d'une durée de validité d'au moins cinq ans prévu par le présent code ou par des conventions internationales peut demander à bénéficier de son droit à être rejoint, au titre du regroupement familial : par son conjoint, si ce dernier est âgé d'au moins 18 ans ; et par les enfants du couple mineurs de 18 ans* »[1].

Il s'agit d'une disposition restrictive du droit commun du regroupement familial, dont la lecture *a contrario* permet de soutenir que tous les étrangers dont la durée du titre de séjour délivré à Mayotte est inférieure à 5 ans ne peuvent prétendre au bénéfice du regroupement familial. Cette disposition a franchi la censure massive du Conseil constitutionnel dans sa décision du 25 janvier 2024. L'adoption de la disposition, d'une part, et la décision du Conseil constitutionnel, d'autre

[1] Loi n°2024-42 du 26 janvier 2024 pour contrôler l'immigration, améliorer l'intégration, *JORF* n°0022 du 27 janvier 2024.

part, appellent plusieurs observations : d'abord pour dire qu'il est important dans le cadre du dialogue des institutions de la République que chacune d'elles reste à sa place. Pendant trop longtemps, certains commentateurs parlant à la place de la haute juridiction ont soutenu qu'une telle disposition serait inconstitutionnelle. J'en veux pour preuve le débat assez vif que j'ai eu avec le gouvernement en janvier 2019 lors de l'examen de la proposition de loi relative au délai de saisine du juge des libertés et de la détention par le préfet à Mayotte. Je suis heureux de constater que le Conseil constitutionnel me donne raison en tranchant, en faveur de la position que je défendais, par son refus de censurer la disposition :

« M. Mansour Kamardine : *Le présent amendement tend à compléter le dispositif. Nous convenons tous, quel que soit le banc sur lequel nous siégeons, que la situation de Mayotte est assez singulière – pour ne pas dire chaotique –, et qu'il est nécessaire de procéder à des adaptations. Ce fut le cas quant à l'accès à la nationalité française et quant aux délais pour saisir le juge des libertés et de la détention. Un troisième élément consisterait à aménager le droit au regroupement familial.*

M. Laurent Nunez, secrétaire d'État : [...] *L'amendement est dépourvu de lien direct avec l'objet de la proposition de loi.*

Il est par ailleurs inconstitutionnel, contraire en particulier au Préambule de la Constitution de 1946. Et, comme vient de le relever la rapporteure, la procédure de regroupement familial donne lieu à un très faible nombre d'admissions au séjour à Mayotte, les étrangers candidats au regroupement ne satisfaisant généralement pas aux conditions requises.

Mansour Kamardine : *Souffrez, Monsieur le secrétaire d'État, que nous n'en faisons pas la même analyse. Prenons l'article 8 de la directive :* "Les États membres peuvent exiger que le regroupant ait séjourné légalement sur leur territoire pendant une période qui ne peut pas dépasser deux ans, avant de se faire rejoindre par les membres de sa famille. Par dérogation, lorsqu'en matière de regroupement familial, la législation existant dans un État membre à la date d'adoption de la présente directive tient compte de sa capacité d'accueil, cet État membre peut prévoir d'introduire une période d'attente de trois ans au maximum entre le dépôt de la demande de regroupement familial et la délivrance d'un titre de séjour aux membres de la famille".

Le Droit européen autorise donc la dérogation que nous proposons.

Soutenir qu'elle serait contraire à nos engagements européens revient pour le moins à lire les textes en diagonale. Je ne peux donc accepter votre interprétation parce que le texte ainsi que la situation particulière de Mayotte permettent bel et bien la disposition que nous proposons. J'ajoute enfin que, s'agissant de la Convention européenne des Droits de l'Homme, lorsqu'elle l'a ratifiée en 1974, la France a émis des réserves sur son application, notamment sur l'article 56, en particulier concernant les territoires d'outre-mer comme Mayotte ou, à l'époque les Comores.

Or la France n'est jamais revenue sur cette déclaration interprétative. C'est pourquoi, chers collègues, nous pouvons adapter le dispositif relatif au regroupement familial pour peu que, plutôt que d'adopter un comportement idéologique, nous souhaitions apporter des réponses à la situation de Mayotte.

M. Laurent Nunez, secrétaire d'État : *Sur le fond, suspendre pendant 5 ans le recours au regroupement familial à Mayotte ainsi que vous le proposez serait contraire, malgré ce que vous soutenez, à nos engagements européens. L'article 8 de la directive 2003/86/CE du 22 septembre 2023 ne permet pas d'exiger plus de deux ans, trois ans dans certains cas, de présence sur le territoire avant de demander un regroupement familial. J'ajoute que le regroupement familial concerne très peu de familles à Mayotte, quelques dizaines tout au plus chaque année, car les demandeurs ne remplissent généralement pas les conditions de ressources ou de logement exigées. […].*

Il est par ailleurs inconstitutionnel, contraire en particulier au Préambule de la Constitution de 1946.

Et, comme vient de le relever la rapporteure, la procédure de regroupement familial donne lieu à un très faible nombre d'admissions au séjour à Mayotte, les étrangers candidats au regroupement familial ne satisfaisant pas aux conditions requises.

Je me sens obligé de donner des détails pour justifier l'avis du gouvernement, en s'appuyant sur la Convention européenne des Droits de l'Homme, sur la Constitution et sur la directive. Le problème s'agissant du titre de séjour n'est pas constitutionnel, mais il tient à l'attractivité que l'adoption de l'amendement pourrait accroître, et à l'afflux important que cela provoquerait. Ce problème pratique explique que le gouvernement émette un avis défavorable.

S'agissant des amendements précédents, je rappelle que, selon la Cour européenne des Droits de l'Homme, la "nécessité locale" *ne permet pas d'invalider l'application de la Convention. L'arrêt Piermont contre France du 27 avril 1995 est clair sur le sujet. Nous ne pouvons donc pas tirer argument des nécessités locales pour porter atteinte au regroupement familial. En tout état de cause, la directive ne permet pas d'exiger plus de vingt-quatre mois de présence sur le territoire avant de demander un tel regroupement. Enfin, l'augmentation du délai porterait également atteinte au droit fondamental que constitue le regroupement familial, selon la décision du Conseil constitutionnel du 13 août 1993.*

Mansour Kamardine : *Monsieur le secrétaire d'État, j'ai eu le sentiment que vous vous étiez trahi lors de votre intervention. Vous parlez d'attractivité, et c'est bien là tout le débat : vous êtes d'accord pour que des gens arrivent à Mayotte, mais vous les y enfermez, et vous refusez qu'ils se rendent ensuite en métropole. La solidarité commande que les personnes disposant d'un titre de séjour délivré par notre État, par notre administration, pour s'installer sur le territoire français de Mayotte puissent également s'installer à Paris ou, par exemple, à Bourges. Je vous demande donc de donner un avis favorable à l'amendement n°7 afin que mes amis de la majorité accompagnent dans une modernisation, qui permettrait de donner à Mayotte la fluidité dont elle a besoin pour désengorger ses services face à une situation insupportable* »[1].

Finalement, la majorité a, conformément aux instructions de son gouvernement, rejeté cet excellent amendement avec des faux arguments juridiques. 6 années perdues inutilement, au détriment de Mayotte et de la communauté nationale dans son ensemble ! Sans doute, faudrait-il y voir des motifs purement idéologiques, voire cyniques ou encore racistes.

La seule vérité désormais connue est que la proposition était juridiquement fondée et utile à la cause des Mahorais. Le ministre de l'Intérieur lui donne même des propriétés extraordinaires car, selon lui, « *la disposition va permettre de réduire drastiquement le nombre de titres de séjour délivrés par le préfet de Mayotte de plus de 87%* ». Il considère aussi qu'avec la réforme du droit du sol, le nombre des titres de séjour va également baisser davantage ; ce qui facilitera la reconduite aux frontières.

Je suis heureux d'observer dans la conviction qui est la mienne depuis toujours que l'autocensure n'a jamais fait une grande politique nationale, que le Conseil constitutionnel n'a pas censuré la loi instaurant une dérogation pour Mayotte au droit au regroupement familial. La deuxième observation relative à l'adoption de la disposition concerne la déclaration du ministre de l'Intérieur, qui reconnaît : « *La loi immigration*

---

[1] *JORF*, Débats, Assemblée nationale, 2ème séance du 29 janvier 2019.

a durci les conditions de regroupement familial à Mayotte, que nous allons diviser par 5, sans doute le nombre de regroupement familial et nous nous en réjouissons »[1].

Enfin, je ne peux sans doute m'empêcher de souligner les divergences d'analyse sur le sujet au sein du gouvernement. D'un côté, Laurent Nunez, affirmait que « *la procédure de regroupement familial donne lieu à un très faible nombre d'admissions au séjour à Mayotte, les étrangers candidats au regroupement familial ne satisfaisant pas aux conditions requises* » et de l'autre, Gérald Darmanin reconnaît que « *près de 90% des titres de séjour délivrés par le préfet le sont au titre du regroupement familial. Je suis naturellement heureux de l'adoption de la mesure – que j'ai soutenue – par le parlement* ».

Il faut juste rappeler au passage que chaque année, le préfet de Mayotte délivre plus de 16.000 titres de séjour, dont 14.000 sur le fondement du regroupement familial.

Ce constat nous oblige désormais et dans le futur à un peu plus d'audace quand il s'agit de légiférer pour Mayotte, car la situation économique et sociale du territoire n'est comparable à aucune autre sur le territoire national.

Elle justifie pleinement que soit très fortement mobilisé le principe d'adaptation, en prenant en compte les contraintes particulières de l'île.

Toujours sur ce terrain du regroupement familial, la Cour européenne des Droits de l'Homme (CEDH) vient en tout cas de reconnaître qu'un mineur admis au titre de l'asile a droit au regroupement familial. Concrètement, il est fondé sans conditions de ressources, bien sûr, à faire venir en territoire européen, sa famille.

Pour Mayotte, l'application d'une telle règle au profit de tous *nos* mineurs non accompagnés (MNA) dont le chiffre est évalué à environ 10.000, c'est potentiellement plus de 30.000 étrangers adultes et enfants qui peuvent entrer sur l'île.

---

[1] Reportage BFM TV, 11 février 2024, à 12 heures 30.

CHAPITRE XIV.
LE DÉBAT POLITIQUE ACTUEL

Prenons connaissance de cette déclaration faite par Gérald Darmanin, ministre de l'Intérieur et des Outremer, sur le sol de Mayotte : « *Le président de la République m'a chargé de dire aux Mahorais que nous allons prendre une décision radicale, qui est l'inscription de la fin du droit du sol à Mayotte dans une révision constitutionnelle que choisira le président de la République. C'est-à-dire qu'il ne sera plus possible de devenir Français si on n'est pas soi-même enfant de parents français et nous couperons ainsi littéralement l'attractivité qu'il peut y avoir dans l'archipel mahorais ; il ne sera donc plus possible de pouvoir venir à Mayotte, de façon irrégulière ou régulière, de mettre un enfant au monde ici et d'espérer devenir Français de cette façon. C'est une mesure extrêmement forte, nette, radicale. Évidemment, elle sera circonscrite à l'archipel de Mayotte. Il ne s'agit pas de le faire sur d'autres territoires de la République* »[1].

Aussitôt ces déclarations faites, le sempiternel clivage entre la droite et la gauche s'est étalé de nouveau sur la place publique. D'un côté, la droite, avec une certaine affirmation

[1] Gérald Darmanin, ministre de l'Intérieur et des Outre-mer, Aéroport de Pamandzi, 11 février 2024.

régalienne et républicaine et du contrôle de nos frontières se veut dans la défense d'un outil essentiel de la souveraineté nationale. De l'autre, la gauche refuse de regarder en face les réalités intrinsèques du désastre que causent l'immigration et l'insécurité à Mayotte. Elle s'évertue à proposer des réponses purement et exclusivement sociales pour prétendre arrêter l'immigration.

Le premier à s'exprimer sur le sujet, bien évidemment, n'est autre que François Baroin, qui réitère ses propositions de 2005 sur la création d'une extraterritorialité autour de la maternité du CHM pour l'ériger en hôpital international, et déroger au droit du sol sans toucher à la Constitution. Pour lui, « *ce débat n'est ni médiocre, ni dérisoire* ». À défaut, il suggère de sortir Mayotte du régime de l'article 73 de la Constitution, afin de favoriser la réforme du droit du sol : « *J'ai été le premier à aborder cette question lorsque j'étais ministre de l'Outre-Mer sous l'autorité du président Chirac, en 2005 ; à l'époque, Mayotte comptait à peu près 130.000 habitants, il y avait 30% de clandestins supposés et, à l'époque, Mayotte relevait du statut de Collectivité territoriale. Elle n'était pas encore département ; j'avais proposé une autre idée qu'il me semble encore pouvoir être reprise aujourd'hui dans le débat public : c'était de créer une extraterritorialité autour de la maternité de Mamoudzou, la plus importante d'Europe désormais, et qui devient un hôpital international de telle sorte que, sans modifier la Constitution à l'époque puisque nous étions Collectivité, en s'appuyant sur l'article 74 de la constitution, déroger au droit commun sur le droit du sol, sans toucher à la Loi fondamentale et avancer de façon significative sur cette problématique des gens qui viennent à Mayotte pour ensuite créer les conditions d'une certaine manière d'une tension invivable. C'était déjà invivable il y a presque 20 ans, et c'est la raison pour laquelle j'ai alerté l'opinion publique sur ce sujet. Ça avait déjà provoqué de très nombreux débats entre les responsables politiques de l'époque. Je pense que c'est plus difficile aujourd'hui.*

Je pense que ce débat n'est pas médiocre, je pense qu'il n'est pas dérisoire. Je pense qu'il permet de faire prendre conscience que lorsqu'un territoire petit configuré comme une île se retrouve sous cette forme-là avec une telle tension humaine et sociale, les risques de débordement de très grande violence sont immenses. Donc, il faut faire prospérer cette réflexion. Peut-être qu'il faut faire réfléchir également à un changement de statut et revenir dans le 74 si l'obstacle de la révision constitutionnelle est trop élevé et trop important à affranchir. Chirac accompagnait cette initiative qui avait pu surprendre, mais je pense que j'ai pris date à cette époque sur une intuition, une compréhension d'évolution des tensions qui pourrait exister chez les Mahorais vis-à-vis de cette immigration. Ensuite, Chirac a quitté le pouvoir et j'ai moi-même quitté cette fonction dans ce ministère. Je pense qu'on aurait pu en deux ans, rester en Collectivité, appliquer cette dérogation du sol, et ensuite en fonction de la stabilité de cette île et la maîtrise des flux, notamment, notamment sur l'arrivée des clandestins, une évolution vers un statut départemental auquel aspiraient les Mahorais et qui aurait complété le dispositif. [...] »[1].

De son côté, François Bayrou rappelle que Mayotte est confrontée à deux aspects migratoires, avec des vagues de rejet, malgré l'unicité ethnique qu'elle entretient avec les peuples comoriens. Il propose de déroger à la nationalité française avant de dénoncer la crise de l'eau qui frappe l'île ainsi que d'autres territoires d'outre-mer : « *J'ai proposé cette décision dès 2007, il y a presque 20 ans – 25 ans.*

Je suis persuadé depuis cette époque qu'on ne peut pas échapper à la réalité telle qu'elle se présente à Mayotte. La réalité de Mayotte, elle a deux aspects principaux : le premier aspect est un aspect migratoire, avec une migration

---

[1] François Baroin, Interview accordée à *Libération,* Paris, 17 février 2024.

constante, continue depuis les Comores, les îles sœurs de Mayotte, avec les mêmes origines, les mêmes ethnies, et cependant, ça provoque des vagues de rejet dangereuses et considérables, avec le sentiment des Mahorais qu'il y a une délinquance qu'on ne maîtrise pas, constante et continue de la part de ces pauvres gens qui arrivent des autres îles voisines à laquelle s'ajoute aujourd'hui une migration africaine ; parce qu'il y a des camps en Tanzanie dans lesquels les passeurs trouvent aujourd'hui une clientèle *si je peux employer ce mot qui en serait presque choquant,* une clientèle *pour l'immigration clandestine au travers de Mayotte dans la France et dans l'Union européenne.*

Il y a là une décision qui est à mes yeux inéluctable depuis des décennies. Je rappelle que j'ai proposé ça en mars 2007, dans les termes suivants : "Je suis favorable à ce que la nationalité française ne soit plus automatique dès l'instant où, en Guyane ou à Mayotte, on est venu seulement pour accoucher sur le territoire national ; quand on est humaniste, on doit être, dans ces affaires, ferme".

Vous avez raison de dire qu'il y a forcément si on ne fait pas attention une exploitation qui est là pour agiter les braises et allumer le feu mais de ce point de vue-là, les gouvernements successifs n'ont pas fait ce qu'il fallait.

Je voulais ajouter qu'il y a, à Mayotte, un deuxième problème au moins évident, économique, pire qu'humain qui est le problème de l'eau. Alors, aujourd'hui, ces jours-ci, ça va un peu mieux parce qu'il pleut.

Cependant, il n'y a de l'eau qu'un jour sur deux. Quand il ne pleut pas, c'est encore beaucoup plus rationné que ça, à telle enseigne que le précédent responsable gouvernemental des outre-mer, Philippe Vigier, avait organisé des transports par bateau de centaines de milliers de bouteilles d'eau pour porter aide à la population. Dans une circonstance comme celle-là, il y a à mes yeux qu'une chose à faire, c'est faire un plan spécial pour Mayotte. D'ailleurs, probablement pas seulement pour Mayotte parce que ces problèmes d'eau se posent aussi en Guadeloupe, par exemple. On doit prendre en charge ces besoins, fixer des objectifs, donner un calendrier, autrement dit, nous imposer à nous-mêmes un agenda et des objectifs à atteindre.

C'est ce qu'on appelle le plan, et je suis frappé toujours de voir que la France, qui a pendant longtemps pratiqué cette discipline du plan, elle paraît très souvent ne plus avoir en tête l'idée que l'action publique doit être analysée.

Je ne veux pas dire que tout va bien et que tout est pour le mieux dans le meilleur des mondes. Comme vous savez, je ne le pense pas ; mais je sais qu'il y a des situations qui ne se règlent jamais si on ne les affronte pas, si on pousse la poussière sous le tapis ; c'est le cas de ces puissantes vagues d'immigration que subissent et dont ne peuvent pas émerger les territoires dont nous parlons ; je répète qu'il n'y a dans cette affaire aucun racisme. Ce sont les mêmes origines ethniques, les mêmes religions, les mêmes langues souvent. Et, cependant, il n'y a pas de population dans le monde qui puisse supporter d'être de ce point de vue-là débordée par des arrivées si nombreuses, qu'il n'y a rien à faire pour faire face pour Mayotte qui doit nous amener à réfléchir »[1].

Enfin, nous retiendrons la position d'Édouard Philippe, alors Premier ministre. En réponse à la question du sénateur de Mayotte, Thani Mohamed Soilihi, il propose de réfléchir aux transformations qu'il faudrait opérer en matière de Droit et d'accès à la nationalité sur cette île : « *La vérité, Monsieur le sénateur, vous la connaissez parfaitement, pour la vivre : l'explosion démographique à Mayotte, sous l'effet à la fois de l'augmentation du solde naturel et de l'immigration clandestine, est absolument considérable et tout à fait sans équivalent. En termes d'équipements publics, elle implique un effort véritablement inouï.*

---

[1] François Bayrou : *Droit du sol à Mayotte,* LCI, Paris, 11 février 2024.

Je ne peux pas dire, Monsieur le sénateur, que rien ne pourrait être fait : simplement, je crois utile de rappeler que le mécontentement qui s'exprime aujourd'hui, et qui doit être entendu, parce qu'il est légitime, ne naît pas d'une situation récente, mais de la construction d'une situation qui donne le sentiment de ne plus être maîtrisable. [...].

Nous voyons bien la question que vous avez mentionnée, de la maternité, qui enregistre plus de 10.000 naissances par an, soit 2 fois plus que la plus grande maternité parisienne. Comment traiter cette question ?

Doit-on s'autoriser à travailler sur un nouveau statut de cette maternité ? Réfléchir aux transformations qu'il faudrait opérer en matière de droit et d'accès à la nationalité à cet endroit ? »[1].

En conclusion de leurs interventions sur la situation tout à fait particulière de Mayotte, ces trois personnalités politiques considèrent objectivement que la solution à la crise qui affecte réellement l'ensemble des structures administratives, sociales, culturelles et économiques de l'île demeure dans la maîtrise de l'immigration, une maîtrise qui passe forcément et inévitablement par la réforme du droit du sol et l'accès au droit à la nationalité française.

De l'autre côté de l'échiquier politique, se dressent sur la route de la proposition de supprimer le droit du sol, des personnalités de gauche, de premier plan, à commencer par Manuel Valls, ancien Premier ministre, qui dénonce ce qu'il qualifie de « *réforme inutile et dangereuse* », en s'appuyant sur l'inefficacité de la réforme de 2018, qui a déjà durci les conditions d'accès à la nationalité, sans résoudre le problème migratoire. Pour Manuel Valls, la réforme du droit du sol est d'abord « *inutile* » parce qu'inefficace, car « *il ne réglera pas les problèmes sérieux, le chaos aujourd'hui qui règne à Mayotte dû à l'immigration, qui est une réalité. Il y a une*

---

[1] *JORF,* Sénat, Édouard Philippe, Premier Ministre, Questions d'actualité du 9 mars 2018.

situation que je connais, par ailleurs, qui est extrêmement difficile et qui est due au fait que Mayotte est sans doute le département le plus pauvre de notre pays. Mais, c'est le territoire le plus riche dans cette région. Il y a une attractivité qui vient des Comores.

Donc, il faut à la fois plus de force ; il faut des moyens supplémentaires ; il faut surtout un rapport de forces avec les Comores, mais la réforme du droit du sol qui a d'ailleurs été déjà modifié, restreint par la loi en 2018, ne réglera pas ces problèmes lourds d'immigration et à travers, au fond, une communication autour de cette idée de la réforme du droit du sol, faisant croire que l'on réglera ces problèmes à travers cette réforme.

On ouvre une boîte de Pandore qui paraît extrêmement dangereuse dans notre débat national. [...].

On peut avoir des politiques concernant les migrations extrêmement sévères, nécessaires. En plus, aujourd'hui, face à l'afflux des migrations clandestines, on peut s'interroger sur le fait : est-ce qu'on a besoin ou non d'immigration économique et défendre la conception républicaine du droit du sol ?

Ce sont deux choses, je crois extrêmement différentes. [...].

Cette réforme, qui repose sur un fantasme, sur le fait que notre droit de la nationalité serait un appel d'air, je ne le crois pas [...] ; *l'idée de faire croire ou de croire que le droit du sol est responsable, je viens de l'évoquer, du chaos qui règne à Mayotte au-delà des réformes qui ont été apportées. Par exemple, à travers la loi de 2018, on a restreint ce droit du sol.*

Il y a 800 mineurs qui ont obtenu en 2022 la nationalité française contre 2800 en 2018. Est-ce que ça a réglé les problèmes migratoires ? Non ! Ça ne les a pas réglés. Et puis, il y a une incompréhension aussi sur ce qui est le droit du sol chez nous. Il n'est pas automatique. C'est ce qu'on *appelle le double droit du sol qui nous vient de la IIIème République, du XIXème siècle. L'attribution de la nationalité n'est donc pas automatique. Un enfant né en France dont au moins l'un de ses parents y est également né, peut obtenir la nationalité automatiquement. Sinon, il doit attendre ses 13 ans et la demander.* […]. *Le principe d'unité et d'indivisibilité garantit l'homogénéité des lois sur l'ensemble du territoire, territoire métropolitain et ultramarin.* […].

Supprimer totalement le droit du sol à Mayotte est très symbolique et cela ouvre un débat précisément sur ce qu'est la nation. C'est pour ça que je suis contre cette réforme, qui est inutile et dangereuse. […].

Elle ouvre, je suis évidemment là opposé à ce que dit le Président de la République, car elle ouvre une triple fracture :

- *Elle est géographique : le territoire Mayotte est un département de la République, les parlementaires l'ont voulu ;*
- *Historique par rapport au principe que j'ai évoqué il y a un instant*
- *Et symbolique parce que je crois que le droit du sol a une dimension intégrationniste, assimilationniste.* […]. *Je crois à l'unité de la nation. Attention à ne pas y toucher à travers des réformes constitutionnelles qui me semblent hasardeuses.* […] »[1].

Il est suivi dans ce même état d'esprit par Boris Vallaud, président du groupe socialiste à l'Assemblée nationale, qui reprend largement l'argument de l'inefficacité de la mesure au regard du durcissement de l'accès à la nationalité à Mayotte. Il propose qu'on s'attarde plus à solutionner la crise de l'eau, qui n'a rien à voir avec l'accès à la nationalité, la crise du logement, l'accès aux soins et l'accès à l'École pour 10.000 enfants qui attendent devant la porte de l'École et

[1] Manuel Valls : Interview accordée à Sonia de Villers, sur *France Inter* le 21 février 2024.

propose une intégration économique avec les Comores. Boris Vallaud déclare : « *Je ne le crois pas d'abord parce que le droit du sol est déjà plus dur à Mayotte que dans le reste du territoire français et que ça n'a pas produit les effets escomptés. Il y a une question migratoire, mais qui me paraît être abordée de la façon la plus démagogique qui soit et probablement la plus inefficace. C'est un territoire qui est imbriqué avec les trois îles voisines des Comores avec des liens historiques, culturels, sociaux et familiaux. C'est un territoire dans lequel la dépense par habitant est inférieure à ce qu'elle est ailleurs en France et en particulier dans l'Hexagone.*

60% de la population a moins de 30 ans.

Il y a des enjeux sociaux considérables. Pensez à la question du logement. Il y a une crise de l'eau qui n'a rien à voir avec la question migratoire qui a exaspéré à juste raison celles et ceux qui n'avaient plus la possibilité d'accéder à une eau potable... Il y a aussi 10.000 enfants qui ne sont pas scolarisés. Il y a des questions de protection judiciaire de la jeunesse et des questions d'aide sociale à l'enfance, de protection de l'enfance qui ne doivent pas être esquivées. Ensuite, la question qui se pose au fond, c'est de quelle manière on travaille avec les Comores, au fond, avec toute cette région pour avoir une politique migratoire qui se préoccupe de codéveloppement et à cette proximité. Il faut en faire quelque chose de positif.

Depuis 1995, il y a des visas entre les îles qu'on appelle "Visa Balladur". *Cela n'a pas réglé la question. Le codéveloppement, le travail avec les pays, une réflexion sur une intégration économique. Il y a urgence ? Elle ne va pas être réglée de cette manière-là. L'urgence, on peut la donner sur la question de l'École, sur la question de la sécurité du quotidien à Mayotte, sur la question de la scolarisation, de l'action sociale. L'accès aux soins est une grande difficulté là-bas. L'urgence, c'est celle-là. Je ne crois pas, par ailleurs, au fond, qu'il s'agisse d'autre chose que d'ouvrir à nouveau un débat qui sera stérile en France. J'ai vu à la fois l'extrême droite et la droite se réjouir. Pourquoi seulement Mayotte ? C'est bien ce principe, qui est en vigueur en 1804 qui est aujourd'hui percuté, rupture entre les territoires français, soit une brèche dans laquelle s'engouffrent la droite et l'extrême-droite.*

Mayotte, c'est le 101ème département français. Mayotte, c'est la France, et les habitants de Mayotte ont droit aux services publics, la même qualité de prestation de services publics que partout en France. Il faut que la République, là aussi, soit au rendez-vous. Ensuite, on ne peut pas dire que la loi immigration ait été une grande réussite du point de vue des principes. Je crois qu'à nouveau, le gouvernement et le président de la République, son ministre de l'Intérieur se perdent et ils risquent de nous perdre avec eux... à partir du moment où le gouvernement déposerait une loi constitutionnelle, vous retrouverez tout ce que le Conseil constitutionnel a annulé sur des motifs de forme plus que de fond. En réalité, le gouvernement a ouvert une boîte de Pandore alors que ce sujet est un sujet qui préoccupe les Français, et qu'on doit pouvoir lui apporter des réponses efficaces : en matière d'intégration par le travail, d'intégration tout court pour remettre en marche cette machine puis remettre en ordre ce grand bazar ».

Arrêtons-nous un instant sur les deux visions politiques posées sur la table : d'un côté, il y a ceux qui considèrent que la vague migratoire qui frappe Mayotte doit recevoir un traitement durable, y compris par la suppression du droit du sol. François Bayrou rappelle très opportunément que la révolte des Mahorais n'est ni raciste, ni xénophobe, mais qu'elle traduit une réaction que n'importe quel peuple aurait pu avoir. Il insiste à cette fin que dans cet archipel, « *ce sont les mêmes origines ethniques, les mêmes religions, les mêmes langues, souvent* ». À l'opposé, l'on insiste sur « *des liens historiques, culturels, sociaux et familiaux* » et l'on propose de donner l'urgence de l'action étatique à « *la scolarisation des enfants, le développement social* ».

À l'évidence, la césure entre ces deux approches est béante. La bande à Manuel Valls et Boris Vallaud n'a pas compris, ou feint de ne pas comprendre, que les écoles à Mayotte sont surchargées, qu'il y a plus d'enfants comoriens scolarisés à Mayotte qu'à Anjouan, que les infrastructures scolaires n'arrivent plus à suivre le rythme et que la solution n'est plus d'encourager la venue à Mayotte mais plutôt dans l'Hexagone, dans la mesure où il n'y a plus de foncier pour l'accueil sur ce petit caillou de 375 km^2.

En somme, pour les auteurs de ces propos, il ne faut pas s'attaquer à l'immigration. « *Bien mieux* », pour eux, il faut l'encourager par l'amélioration de l'accueil des migrants qui arrivent au nom de « *nos liens historiques* », construire des écoles, développer l'offre de santé pour mieux les accueillir encore et encore, etc. Sur le plan historique, ils se trompent allègrement car, au fond, les seuls liens historiques *apaisés* entre « *Mayotte et les autres* » sont ceux qu'avaient tenté de construire la France, singulièrement entre 1946 et l'accession à l'indépendance des Comores, le 6 juillet 1975.

Il est une autre affirmation qu'il convient d'objectiver pour la réfuter sans délai. Manuel Valls et Boris Vallaud affirment sans véritable vérification que la réforme du droit du sol de 2018 n'a pas empêché l'arrivée des migrants sur Mayotte ; ce qui constituerait à leurs yeux la preuve que les étrangers arrivant à Mayotte ne le font pas pour un motif d'accès à la nationalité française. Les statistiques ci-après inclinent à l'appréciation inverse.

Mayotte	**Décisions favorables**	13-16 ans (2ème alinéa)	16-18 ans (1er alinéa)	**Décision de refus (+ classement sans suite)**	13-16 ans (2ème alinéa)	16-18 ans (1er alinéa)	**Total**
2015	**648**	550	98	**137**	126	11	**785**
2016	**1.489**	1.025	464	**328**	182	143	**1.817**
2017	**1.698**	1.274	424	**325**	246	80	**2.023**
2018	**2.829**	2.291	538	**359**	259	101	**3.188**
2019	**1.467**	1.133	334	**570**	338	232	**2.037**
2020	**446**	238	208	**488**	215	273	**934**
2021	**648**	326	322	**320**	94	226	**968**
2022	**798**	441	357	**513**	129	344	**1.311**

Source : NATI/SG/SSER DACS-PEJC[1]

[1] Réponse de la DACS – Direction des Affaires civiles et du Sceau – à un questionnaire relatif à la mission d'information sur Mayotte, en date du 14 avril 2024.

Nombre de souscriptions, par catégories d'âge, de déclarations sur le fondement de l'article 21-11 du Code civil devant le Tribunal judiciaire de Mamoudzou :

Mayotte	Demandes	13-16 ans (2ème alinéa)	16-18 ans (1er alinéa)
2015	2.252	1.745	507
2016	1.741	1.319	422
2017	1.743	1.283	460
2018	2.556	1.970	586
2019	3.180	2.068	1.112
2020	1.355	746	609
2021	1.361	310	1.051
2022	750	75	675

Source : NATI/SG/SSER DACS-PEJC

Dans ce premier tableau, il apparaît que de 2015 à 2022, 10.000 jeunes, de parents originaires des Comores, ont pu accéder à la nationalité française, contre 3.000 refus. Dans le second tableau, il ressort : ce sont 15.000 demandes d'accès à la nationalité française qui ont été régularisées sur la même période. On peut rappeler que Mayotte comprend quelque 92.000 électeurs en 2022, soit un ajout dans le corps électoral de plus de 10,86% de migrants originaires des Comores. Ce chiffre, rapporté à l'échelle nationale, ce serait un apport de 4.630.000 électeurs dans le corps électoral national.

Je n'imagine pas que tous ceux qui sont opposés à la suppression du droit du sol accepteraient cet afflux massif sur une courte durée sur leur territoire. Autre élément à réfuter, c'est que la mesure aurait eu d'autres conséquences puisque, de 2018 à 2022, le nombre d'accédant à la nationalité française est passé de 2.800 à 900.

Là encore, les éléments fournis par la DACS justifient cette baisse par la crise Covid-19 et les dysfonctionnements avérés des services de greffe entre cette période Covid-19 et l'année 2022. D'ailleurs, la même note relève qu'après l'arrivée d'un Directeur de greffe au Tribunal judiciaire de Mamoudzou, ces chiffres sont nettement améliorés dans le sens de l'admission à la nationalité de jeunes issus de l'immigration comorienne.

Et si nous revenions sur le thème des prétendues « *relations historiques* » entre Mayotte et les autres îles de l'archipel des Comores ?

La réalité des « *liens historiques* » entre Mayotte et les îles voisines, ce sont des liens conflictuels, celles des guerres. Enfin, je note que les auteurs de ces propos ne proposent pas l'accueil dans l'Hexagone de ces populations, mais toujours leur maintien sur l'île de Mayotte, toujours dans l'esprit du titre de séjour territorialisé que Manuel Valls a conçu *ex nihilo,* pour justement leur refuser l'accès à l'Europe.

Aussi, puis-je rappeler que la France, l'Italie, et l'Espagne qu'il connaît très bien, participent d'un même bain racial, culturel, linguistique, et religieux, mais restent des pays bien distincts, des États et nations indépendants ? Ou encore qu'en France, la nation ne se construit pas par la langue, la religion, la géographie ou l'Histoire, mais par une adhésion à une communauté de destin. Enfin, le gouvernement n'est pas en reste, à commencer par le Premier ministre qui, à deux occasions, s'est prononcé sur le sujet.

D'abord au Sénat en réponse à une question du sénateur Saïd Omar Oili de Mayotte : « *Mayotte est une terre de défis. C'est une jeunesse qui a envie de prendre son destin en main. C'est une biodiversité exceptionnelle. Ce sont aussi des difficultés immenses pour la sécurité, pour l'accès à l'eau, pour nos services publics, pour l'École, et vous l'avez dit à travers votre question pour l'immigration. Alors, je vous le dis de manière extrêmement claire, extrêmement déterminée : avec mon gouvernement nous sommes déterminés à continuer à agir pour Mayotte, déterminés à œuvrer avec vous, avec l'ensemble des élus, avec les Mahorais, pour l'avenir de*

Mayotte. Mayotte connaît une immigration forte, source de tensions très graves et nous avons eu régulièrement l'occasion d'en parler dans cet hémicycle.

Notre premier objectif, je le dis, ça reste de prévenir les arrivées irrégulières à Mayotte en luttant contre les filières d'immigration illégale.

Vous le savez : une antenne de l'Office de Lutte contre le Trafic illicite de Migrants a été créée à Mayotte au début de l'année dernière afin de renforcer la lutte contre les filières de passeurs et en priorité les filières africaines.

Les résultats commencent à être là. En 2023, six filières ont été démantelées, avec de lourdes condamnations qui ont été prononcées jusqu'à sept ans d'emprisonnement. Le deuxième objectif, c'est de traiter beaucoup plus rapidement les demandes d'asile des migrants qui arrivent à Mayotte. Évidemment, le temps d'avoir la réponse, on le sait, il y a des installations qui se font.

Nous avons renforcé les moyens de l'OFPRA, qui dispose désormais d'une antenne à Mayotte. Nous avons également accru les capacités d'hébergement des demandeurs d'asile. Enfin, le troisième objectif, c'est évidemment d'expulser plus rapidement ceux qui n'obtiennent pas le statut de réfugié et qui n'ont plus rien à faire sur notre sol.

Les déboutés de l'asile font systématiquement l'objet de décision d'éloignement. Ensuite, il faut pouvoir les exécuter dans les meilleurs délais. Nous savons que l'enjeu est là, nous sommes pleinement mobilisés sur ce sujet.

Nous obtenons des premiers résultats encourageants mais il faut aller plus loin et nous avons, vous le savez aussi, des échanges internationaux sur le sujet pour être plus efficaces en la matière.

L'ensemble de ces mesures seront renforcées dans le cadre du plan interministériel de lutte contre l'immigration irrégulière "Shikandra", *qui est en cours de refonte. Vous avez évoqué dans votre question un point spécifique, une situation spécifique qui est la situation du stade de Cavani à Mamoudzou, où s'est installé un campement informel de migrants et vous avez décrit la situation. Je vous le dis de manière très claire comme j'ai eu l'occasion de le faire sur les autres points. L'État est déterminé à évacuer ce camp en lien étroit avec les élus concernés et les premières démolitions démarreront dès demain ; elles se poursuivront dans les prochains jours jusqu'à la disparition complète de ce campement.*

Nous apporterons une réponse adaptée à chacune des personnes présentes sur le campement. J'ai bien conscience des mouvements qui sont nées en réaction à l'installation de ce campement, les manifestations, les blocages de routes, de service public. Je le dis de manière claire : le démantèlement du camp doit permettre le retour à un fonctionnement normal de l'ensemble des activités.

C'est une attente forte des Mahorais, et nous la leur devons. Mais je veux aussi le dire : les violences à l'encontre des migrants ne sont pas acceptables. Onze auteurs de ces violences ont été interpellés et seront jugés. Mayotte, c'est la République. Avec mon gouvernement, avec le ministre de l'Intérieur et des Outre-mer, je suis déterminé à agir pour les Mahorais, à agir pour Mayotte et j'aurai l'occasion de me rendre prochainement sur place »[1].

Ensuite, à l'Assemblée nationale, à la date du 25 janvier 2024, les Mahorais sont dans la rue depuis plus de trois semaines. L'opinion nationale en est tenue à l'écart, compte tenu de la sensibilité du sujet. C'est le moment que choisit Olivier Marleix, Président du groupe Les Républicains (LR) à l'Assemblée nationale, pour interpeller la représentation nationale et nationaliser la nouvelle crise sociale qui secoue Mayotte : « *Pour la troisième semaine consécutive, Mayotte est paralysée par la mobilisation de la société civile, qui*

---

[1] Sénat, Séance du 25 janvier 2024. Réponse de Gabriel Attal, Premier ministre à Saïd Omar Oili, sénateur de Mayotte.

manifeste massivement et bloque les voies de circulation. Les causes de cette grave crise sont l'explosion de l'insécurité et l'amplification de l'immigration clandestine depuis l'arrêt de l'opération "Wuambushu", *qui était censée restaurer l'État de Droit. La cause réside également dans l'absence de réponse aux alertes des élus de Mayotte, en particulier celles de notre collègue Mansour Kamardine, dont la demande de réunion d'urgence avec le gouvernement est restée sans suite. C'est donc désormais la rue qui s'exprime.*

Les Mahorais refusent, et ils ont raison, que Mayotte devienne le Lampedusa de l'océan Indien et que les villages et les quartiers soient placés sous le joug de gangs de criminels qui s'en prennent aux familles, aux travailleurs et aux enfants.

Monsieur le Premier ministre, quand votre gouvernement prendra-t-il enfin des mesures à la hauteur, pour mettre un terme aux flux migratoires venus des Comores et désormais de la Corne de l'Afrique ? Quand mobiliserez-vous les moyens de la Marine nationale pour les stopper physiquement ? Quand présenterez-vous le projet de loi relatif à Mayotte que vous avez évoqué dans votre déclaration de politique générale et qui devait être transmis aux élus de ce département dès le mois de février ?

Quand lancerez-vous une opération "Wuambushu" *puissance deux, voire puissance quatre, pour reconquérir les territoires perdus de la République à Mayotte ? Surtout, quand reviendrez-vous sur ce droit du sol inconditionnel qui incite tant de Comoriens et d'Africains à affluer vers Mayotte ? Je pense en particulier aux mesures censurées par le Conseil constitutionnel. Voilà, Monsieur le Premier ministre, les questions que se posent les habitants de Mayotte et que je vous adresse en leur nom* »[1].

---

[1] Olivier Marleix, Président du Groupe LR à l'Assemblée nationale, Débats, Assemblée nationale, Questions au gouvernement, 8 février 2024.

En réponse à l'interpellation, le Premier ministre Gabriel Attal formule la réplique suivante : « *Je le dis d'emblée : la situation à Mayotte et ce que vivent les Mahoraises et les Mahorais sont totalement insupportables.*

Et si cette situation était vécue dans un département de l'Hexagone, on en entendrait parler matin, midi et soir dans les médias. Cette situation, vous l'avez dit, elle indigne les élus locaux ; elle indigne les parlementaires. Vous avez cité le député Kamardine. Je veux aussi citer la députée Estelle Youssouffa, qui est aussi mobilisée sur cette question-là. Il y a les sénateurs également qui m'ont interrogé la semaine dernière sur ce sujet. Je le dis : la priorité dans l'immédiat, c'est de rétablir l'ordre public et permettre la reprise des activités. Sous l'autorité du préfet et du procureur de la République, les forces de l'ordre luttent contre les violences urbaines et interpellent le plus grand nombre possible de délinquants. Je veux saluer leur engagement. On doit aussi entendre les revendications des manifestants. Je le disais à l'instant. Ils manifestent face à une situation qui est tout simplement insupportable. Pour cela, il faut pouvoir se parler et donc les Collectifs à saisir les invitations des élus et du représentant de l'échelle de l'État à échanger les manifestants et les élus. Je disais il y a un instant : ils demandent le retour. Alors ils demandent l'évacuation du camp du stade de Cavani. J'avais été interrogé au Sénat le 24 janvier dernier par le sénateur Saïd Omar Oili ; je lui avais annoncé que l'opération de démantèlement de ce camp serait démarrée le lendemain. Elle a démarré le lendemain. À ce stade, 200 personnes ont été évacuées. Il en reste 500. Je demande une accélération des opérations d'évacuation du camp du stade de Cavani. Je le dis très clairement et très fermement. Je le redis, le démantèlement de ce camp est en cours et sera mené à son terme. Le gouvernement a agi aussi sur les causes de cette situation. Notre premier objectif, c'est évidemment de prévenir les arrivées irrégulières à Mayotte, en luttant contre les filières d'immigration illégale. Nous avons, vous le savez, considérablement renforcé les moyens pour lutter contre ces filières dont nous avons démantelé un certain nombre, des condamnations ont lieu et, d'ailleurs, elles ont donné lieu à des peines de prison ferme lourdes. J'ai bien conscience, je n'étais pas dans mes fonctions actuelles, des dispositions qui avaient été apportées et proposées dans le cadre de la loi immigration sur Mayotte.

J'ai conscience aussi que le Conseil constitutionnel les a censurées. Je crois profondément que dans le cadre de la future loi Mayotte, il nous faut remettre ce travail-là sur la table et regarder comment ces mesures pourraient être à nouveau adoptées évidemment et surtout validées par le Conseil constitutionnel, je l'espère pour être plus efficaces.

Ensuite, on doit être plus efficace aussi pour expulser plus rapidement les étrangers sans titre, y compris les ressortissants de pays africains. Les déboutés de l'asile font systématiquement l'objet de décisions d'éloignement. Tout est mis en œuvre pour les exécuter dans les meilleurs délais.

50 départs sont prévus cette semaine. 100 éloignements sont prévus la semaine prochaine. Et là aussi je souhaite que l'on puisse continuer à accélérer. L'ensemble de ces mesures seront renforcées dans le cadre du plan interministériel de lutte contre l'immigration irrégulière : le plan "Shikandra" *qui est en cours de refonte. Il faut évidemment donner à Mayotte les moyens de mieux lutter contre l'immigration irrégulière, l'insécurité et toutes leurs conséquences sur le long terme, donner à Mayotte, tous les moyens de son développement sur le long terme. C'est l'objectif du projet de loi dédié à Mayotte que le gouvernement présentera après en avoir débattu et y avoir travaillé avec les élus de Mayotte. Je souhaite que ce travail puisse se tenir dans les prochaines semaines »*[1].

---

[1] Gabriel Attal, Premier ministre, *JORF,* Assemblée nationale, Débats, Questions au Gouvernement, 8 février 2024.

Enfin, je retiens la position de Gérard Larcher, président du Sénat, qui soutient la proposition sans réserve, énonçant : « *Mayotte est dans une situation épouvantable.* [...]. *Plus de 300.000* [habitants] *aujourd'hui. 50% de la population accueillie à Mayotte est étrangère, 95%, en situation irrégulière. Il y a des problèmes d'eau, d'accès à l'école, d'insécurité.*

Nous avons le devoir de protéger nos compatriotes de Mayotte. La fin du droit du sol ne règle pas tout mais c'est un signal extrêmement fort. Il faudra aussi bien d'autres choses. C'est donc un débat que nous avions déjà eu sur la loi Immigration – Intégration puisque que nous avions augmenté le délai pour prétendre à accéder à la nationalité à une année. Le Conseil constitutionnel, pour des raisons de forme, a retoqué cette disposition pour des raisons de forme. C'est un débat que nous devons avoir, mais ça ne résoudra pas tout, mais ce débat est nécessaire et nous l'aurons au Sénat. D'abord, nous l'avons posé pour la Guyane à la frontière du Suriname, nous l'avions posé aussi pour Saint Martin, donc il ne faut pas se limiter pour Mayotte. Sur le fond, je suis favorable au droit du sol parce que ça constitue notre Histoire, la manière dont nous avons été construits, mais la réalité des phénomènes migratoires aujourd'hui en Europe et dans le monde doivent nous amener à nous réinterroger, et le débat sur Mayotte sera l'occasion de se réinterroger sur les conditions de l'exercice du droit du sol et du droit du sang. Le sujet de Mayotte pour lequel je suis favorable, comme pour la Guyane, comme pour Saint Martin, nécessite qu'on s'interroge au-delà de ces trois collectivités d'outre-mer »[1].

Le débat est sans doute plus que sensible, mais également particulièrement difficile pour des raisons et considérations de politique nationale, loin des préoccupations majeures et légitimes des Mahorais, qui luttent pour leur sécurité et la

---

[1] Gérard Larcher, in « *Face à Face* », sur BFM TV et RMC, Paris, le 15 février 2024.

survie de l'âme mahoraise, pour la défense de la terre de leurs ancêtres, une terre très propre et particulière au sein de la République.

Cette terre ne peut, en aucune manière, comprendre que cette mesure ne puisse être prise au nom d'un principe à valeur constitutionnelle, que le Conseil constitutionnel lui-même n'a pas érigé à ce jour comme tel ; d'où l'intervention du président de la République.

Ainsi, dans une interview au journal *L'Humanité*, le président Emmanuel Macron annonce qu'« *il ne faut pas se focaliser uniquement sur le droit du sol. C'est un département français au cœur des Comores. Des familles y circulent et arrivent en France, via Mayotte, où elles ont accès à des prestations complètement décollées de la réalité socio-économique de l'archipel. Cela provoque un énorme appel d'air. À cela, s'ajoute un nouveau phénomène, ces derniers mois, compte tenu des difficultés sécuritaires dans la région des Grands Lacs : une arrivée massive de personnes en provenance de Tanzanie et d'autres pays. Mais je vous le dis : restreindre le droit du sol pour Mayotte ne signifie pas de le faire pour le reste du pays. La deuxième grande mesure – et sans doute la plus nécessaire – pour casser le phénomène migratoire et la restriction de l'accès aux droits sociaux pour les personnes en situation irrégulière. Mayotte est la première maternité de France, avec des femmes qui viennent y accoucher pour faire des petits Français.*

Objectivement, il faut pouvoir répondre à cette situation. Je reste très profondément attaché à ce droit pour la France. […]. *Ce n'est pas une attaque à la République indivisible, car la Constitution la reconnaît aussi comme plurielle et décentralisée. Nous pouvons adapter la Loi fondamentale aux territoires ultramarins : nous l'avons fait pour la Polynésie française, pour la Nouvelle-Calédonie. Il est légitime de poser cette question car les Mahorais souffrent. Ils ont d'ailleurs accueilli très positivement cette proposition, quelles que soient leurs sensibilités politiques. Nous devons casser le phénomène migratoire à Mayotte, au risque d'un effondrement des services publics sur l'île* ».

J'apprécie la connaissance précise qu'a le président de la République de l'enfer vécu au quotidien par les Mahorais, sauf sur un point où il paraît optimiste : « *Le risque d'un effondrement des services publics* ». La réalité est bien plus cruelle car « *le risque* » est déjà bel et bien dépassé. En effet, l'ensemble des services publics d'État localement sont déjà effondrés : École et Santé publique, pour ne citer que les plus emblématiques.

Dans le même temps, je regrette la déconnection des réalités chez Manuel Valls et Boris Vallaud, qui pensent exclusivement au sort des Comoriens à Mayotte car, sans doute, il y a des problèmes de scolarisation, d'accès aux soins et aux logements sociaux. Cependant, ils n'ont aucun mot pour les Mahorais dans ce qu'ils vivent. Ils « *oublient* » de mentionner qu'alors qu'ils étaient en responsabilité en 2014, mais, fidèles à leur conviction selon laquelle les Mahorais ne peuvent revendiquer la nationalité française, et qu'ils doivent vivre en autarcie avec leur « *frères de couleur* », ils ont invoqué au service de leur cause des principes que le Conseil constitutionnel lui-même n'a pas érigés en règles, en adoptant l'ordonnance liberticide créant l'enfermement à Mayotte des bénéficiaires des titres de séjour délivrés à Mayotte. Comme si la concentration des populations n'était pas explosive, ils proposent dans le même élan et avec plus de vigueur encore d'accueillir toujours plus de migrants, tout en continuant de les maintenir dans cette espèce de « *Mayotte Guantánamo* » à la française. Leur raisonnement est cruel.

Dans son rapport au président de la République en 2014, l'ancien Premier ministre reconnaît que la disposition relative au titre de séjour territorialisé est prise par dérogation au principe d'indivisibilité du territoire d'application du CESEDA. Parce que ce sont les autres qui souhaitent faire la même chose pour mieux protéger Mayotte, le voilà invoquer le même argument d'atteinte au principe d'unité du territoire, mais en sens contraire. C'est cela aussi avoir « *un esprit socialiste* », c'est-à-dire cette capacité de s'ériger en donneur de leçons aux autres, lorsqu'on n'est point capable d'agir de la meilleure manière à la place des autres.

CHAPITRE XV.
LE DÉBAT CONSTITUTIONNEL ET JURIDIQUE

Au regard de l'échelle du temps, force est de reconnaître que l'extension à Mayotte du droit du sol date de l'année 1994, alors qu'il remonte au XIVème siècle dans l'Hexagone. La décision du gouvernement de vouloir supprimer le droit du sol à Mayotte comme nous la réclamons depuis toujours, a excité l'appétit juridique sans doute sur certains principes du Droit constitutionnel.

Les professeurs de Droit Marie-Laure Basilien-Gainche, Jules Lepoutre et Serge Slama ont publié au journal *Le Monde* du 15 février 2024 une tribune sur ce sujet. Ils considèrent que « *le droit du sol est un principe ancien du droit français, remontant à l'ancien régime, consacré par toutes les Constitutions révolutionnaires, puis par toutes les lois républicaines qui, depuis 1851, ont fait évoluer le droit de la nationalité. En 1993 déjà, si le juge constitutionnel avait refusé de voir dans l'automaticité du droit du sol à la majorité de l'enfant un principe constitutionnel, Robert Badinter, alors Président de l'institution avait indiqué pendant le délibéré que* "si le législateur avait supprimé le droit du sol, la question se poserait bien". *Pour supprimer le droit du sol dans un département français, même d'outre-mer, il apparaîtrait donc nécessaire de modifier la Constitution. Ces deux raisons de nature constitutionnelle, liées pour la première à l'indivisibilité de la République, et pour la seconde à la nature fondamentale du droit du sol, justifient sans doute que l'Exécutif ne choisisse une révision constitutionnelle au risque d'une remise en cause plus globale du droit du sol sur l'ensemble du territoire. Le coût d'une telle réforme paraît très dangereux et disproportionné face au rôle réduit, si ce n'est inexistant, que la nationalité dans l'histoire de violence que subit Mayotte* »[1].

À l'appui de leur analyse, ils partent de la situation née à Mayotte à la suite de la réforme de 2018 : « *En application de cette réforme, une grande partie des enfants nés à Mayotte de parents étrangers n'ont d'ores et déjà plus accès à la nationalité française – le nombre d'acquisitions serait passé de 2.800 en 2018 à 900 en 2022 – selon les chiffres communiqués par le ministère. Cela n'a pas eu, à notre connaissance, le moindre effet sur le flux migratoire vers Mayotte, ou sur le nombre de titres de séjour délivrés. Ce nombre d'acquisitions de la nationalité française est en outre dans la moyenne nationale* »[2].

Une semaine plus tard, c'est au tour de l'historien Patrick Weil de prendre également position et de publier toujours au journal *Le Monde* une tribune. Au soutien de son analyse, il fait le constat suivant : « *À Mayotte, depuis l'année 2018, il lui faut en outre prouver que l'un des parents résidait en France au moment de sa naissance, en situation régulière pour au moins 3 mois, autant dire que les accédants à la nationalité, ils sont devenus plus rares. Cela n'a pas empêché des milliers de femmes de continuer de venir accoucher à Mayotte et de nombreux jeunes de débarquer. Si ce département est très pauvre au regard de notre moyenne nationale, il est 10 fois plus riche que les îles comoriennes*

---

[1] Tribune publiée au journal *Le Monde*.

[2] Marie Laure Brilien Ganiche, Jules Lepoutre et Serge Slama : *Fin du droit du sol à Mayotte : l'attractivité de notre droit de la nationalité relève largement du mythe*, **Le Monde**, Paris, 15 février 2024.

voisines. Ce qui guide la migration à Mayotte, c'est d'abord la survie, pas le droit du sol. C'est cette vérité qu'il faut avoir le courage de dire aux Mahorais.

Tout l'inverse de ce que le président choisit de faire en proposant de modifier la Constitution, au risque d'un chaos politique, civique et constitutionnel. Politique, parce que sous le prétexte de Mayotte, c'est la suppression du droit du sol ou son statut dans l'ensemble de la République qui sont désormais à l'ordre du jour. C'est ce que réclament deux dirigeants des Républicains, Éric Ciotti, leur président, et Gérard Larcher, président du Sénat. Or, sans les voix des députés et sénateurs de ce parti, Emmanuel Macron ne peut faire adopter son projet de réforme constitutionnelle ». Avant de conclure : « *Les exceptions n'ont pas leur place en République, donc en France, c'est la Constitution qui joue ce rôle. Par elle, nous sommes une communauté de citoyens égaux devant la loi, il n'y a par les valeurs, les principes et les droits que la Constitution arme et garantit. Les exceptions n'ont pas leur place. Pas plus la déchéance de la nationalité que la suppression du droit du sol à Mayotte, tous les deux du domaine de la loi simple et non de la Loi fondamentale. Plutôt que de poursuivre un projet inutile et dangereux qui porterait atteinte à l'indivisibilité de la République sur laquelle sa fonction l'oblige de veiller, Emmanuel Macron devrait dire aux Mahorais et à tous les Français la vérité sur la nationalité, celle que la raison commande. Il doit travailler, sans perdre de temps, à toutes les urgences, diplomatiques, économiques et sécuritaires que la tragique et complexe situation de Mayotte exige* »[1].

Cette proposition du gouvernement de supprimer le droit sol à Mayotte recueille des adhésions. L'on peut mentionner, à titre d'exemple, Philippe Fontana, Docteur en Droit et

---

1 *À Mayotte, le Président choisit de modifier la Constitution, au risque d'un chaos politique, civique et constitutionnel* (Tribune), *Le Monde*, Paris, 20 février 2024.

avocat. Il considère que le maintien de Mayotte comme territoire de la République ne peut se faire que par la suppression du droit du sol même si à elle seule, la mesure sera insuffisante. Il ne partage pas l'analyse du gouvernement quant à la nécessité de réformer la Constitution pour y parvenir. Il s'appuie ainsi sur la jurisprudence du Conseil constitutionnel de 2018 pour asseoir son analyse : « *Le droit du sol, c'est très récent à Mayotte. C'est une initiative d'un député et d'un sénateur mahorais. La règle du droit du sol a été changée par la loi de 2018. Ça a été changé à la marge puisque la personne n'acquiert la nationalité française à sa naissance à Mayotte que si l'un de ses deux parents était en situation régulière sur l'île seulement depuis trois mois. Pendant les travaux parlementaires sur le projet de loi sur l'immigration, Madame Boyer, sénatrice LR a présenté un amendement qui devenait l'article 81 de la loi qui prévoyait un minimum d'un an de séjour régulier pour les deux parents* ».

« *Malheureusement cet article fut retoqué par le Conseil constitutionnel, non pas sur le fond mais pour des raisons de procédure. Il résultait d'un amendement qui était considéré comme un cavalier législatif.*

Si on regarde les chiffres à Mayotte, indubitablement, il faudrait modifier le droit du sol parce que vous avez 10.000 naissances par an à Mayotte. C'est seulement un quart qui est des naissances provenant de mères françaises. La réduire ? Je ne sais pas, mais en tout cas ça peut réduire le nombre d'acquisitions automatiques de la nationalité. Quand vous savez qu'à Mayotte il y a 350.000 personnes qui y vivent mais la moitié de la population est étrangère. Vous imaginez qu'il y a des conséquences sur l'acquisition de la nationalité. Donc, oui, indubitablement pour moi, il y aurait un vrai allègement du fardeau de l'immigration irrégulière à Mayotte […] ; *il suffit de se référer à la décision du Conseil constitutionnel du 20 juillet 1993. Charles Pasqua et*

Édouard Balladur avaient changé le code de la nationalité et le Conseil constitutionnel, à l'époque présidé par Robert Badinter, et non une personnalité de droite, s'était incliné devant la volonté du peuple exprimée par le législateur, de revenir sur l'automaticité de la nationalité à 18 ans et avait permis que les délinquants mineurs étrangers ne pouvaient pas obtenir la nationalité française. Donc je ne crois pas qu'il y ait un véritable obstacle constitutionnel. Je ne crois pas que le droit du sol soit un principe fondamental reconnu par les lois de la République. Pour moi, il n'y pas d'obstacles constitutionnels mais politiques. […].

Je pense que le gouvernement s'il veut vraiment aller vite, il peut déposer un projet de loi.

D'ailleurs, c'est l'article 34 de la Constitution qui prévoit que le Parlement est compétent pour modifier les règles de la nationalité. […].

Commençons par une méthode simple en adaptant en fonction de la position du Conseil constitutionnel »[1].

J'ai également noté avec intérêt que dans le cadre de ses travaux d'audition, la Mission d'Information sur Mayotte a animé 2 tables rondes. La première réunit 2 professeurs de Droit constitutionnel, qui demeurent très réservés quant à un recours éventuel à une réforme de la Constitution aux fins de suppression du droit du sol à Mayotte. Ils considèrent que la réforme du droit du sol est une matière relevant de la loi et donc de l'article 34 de la Constitution qui, sous réserve d'une adaptation ne dépassant pas certaines limites, peut conduire le Conseil constitutionnel à approuver le texte en raison des

---

[1] Tribune de Philippe Fontana dans *Le Figaro,* en date du 12 février 2024. Philippe Fontana est l'auteur de plusieurs ouvrages dont *La vérité sur le droit d'Asile. Les réalités d'un système dévoyé, coûteux et militant*, Les Éditions de l'Observatoire, Paris, 2023 (206 p.), un livre dans lequel il analyse le noyautage du droit des étrangers par la gauche, qui a pris le contrôle de l'ensemble des leviers de l'État, dans la haute administration comme dans les hautes fonctions de la magistrature.

caractéristiques particulières du territoire. Le législateur peut donc réformer le droit du sol à Mayotte sans passer par une réforme constitutionnelle.

La deuxième table ronde a regroupé 3 autres professeurs de droit, dont les professeurs Olivier Gohin, Daniel Dormoy, et Thomas Msaïdié, maître de conférence à l'Université de Mayotte.

Cette table ronde nous a offert également des débats très enrichissants sur le sujet. Les experts ont bien exprimé une inquiétude quant à la nécessité de réformer la Constitution sur ce point. Sans nier la problématique posée par l'invasion migratoire qui déstabilise le département de Mayotte, ils considèrent qu'en scrutant davantage la voix législative de l'article 34 de la Constitution, des solutions efficaces peuvent être trouvées et mises en œuvre.

Dans une note du 11 avril 2024 remise à la Mission d'Information sur Mayotte, le professeur Daniel Dormoy a pu écrire : « *En réalité la stratégie des Comores, il ne faut pas l'oublier, c'est de reconquérir Mayotte, les citoyens français d'origine comorienne et les Comoriens en situation irrégulière devenant majoritaires sur l'Ile aux parfums, les Mahorais devenant minoritaires chez eux. Et en Nouvelle-Calédonie, on considère qu'il faut élargir le corps électoral et favoriser l'arrivée de nouvelles populations pour rééquilibrer le déséquilibre démographique qui à terme pourrait bien redonner la majorité aux Kanaks, le peuple premier dont l'accord de Nouméa rappelle qu'il est le peuple souverain qui accepte cependant de partager un avenir commun avec d'autres populations. Bref d'un côté il faudrait empêcher les* "populations intéressées" *de revendiquer l'indépendance en favorisant le peuplement ou en limitant les départs des populations intéressées à s'opposer à l'indépendance, même dans le partage d'un destin commun, et d'un autre côté, il faudrait s'opposer à l'arrivée de populations qui constitueraient une menace à la prétention de souveraineté de la*

France sur le territoire de Mayotte dont les Comores revendiquent l'appartenance.

Il me semble donc, et c'est mon premier point, que la question fondamentale n'est pas seulement de lutter contre l'immigration à Mayotte, mais de s'opposer surtout à la prétention des Comores à la souveraineté sur Mayotte, affirmée depuis 1975 par Moroni et soutenue par l'ONU et l'UA.

La question est plus une question de politique étrangère que de seulement supprimer le droit du sol et celle des initiatives à prendre pour que Mayotte puisse exister, sur le plan international autant que sur le plan régional (je vous renvoie à cet égard à l'excellent rapport de votre collègue Estelle Youssouffa n°683 de janvier 2023 concernant la ratification de l'accord modifiant l'Accord de Victoria dont les conclusions n'ont malheureusement pas été suivies par votre Assemblée). Tant que ce problème ne sera pas résolu, "l'attractivité" *de Mayotte pour les Comores ne pourra pas vraiment être traitée.*

Deuxième point : à supposer que la suppression du droit du sol à Mayotte par le biais d'une révision constitutionnelle, imposée par le principe de l'indivisibilité de la République (article 1er de la Constitution) ou par l'éventuelle nature constitutionnelle du droit du sol qui serait un principe fondamental reconnu par les lois de la République (PFRLR), suffise à elle seule à résoudre les questions démographiques et sécuritaires, ce qui est moins que certain, cette méthode interroge sur la nature de la Constitution et sur le rôle du Conseil constitutionnel dans le fonctionnement de nos institutions.

D'après le site du Conseil constitutionnel, "la Constitution n'a pas pour unique objet de déterminer la forme de l'État, d'organiser les institutions et de déterminer les règles de production des normes. La Constitution est un acte fondateur par lequel une société se constitue une identité et décide de l'ordre sociétal voulu. En particulier, elle consacre des droits et libertés fondamentaux et définit les modalités de leur protection. En définitive, la Constitution se présente comme un acte de limitation des pouvoirs".

Cela permet-il, en quelque sorte à titre préventif, de limiter un droit afin de permettre au législateur d'agir à l'abri de toute inconstitutionnalité potentielle, et cela permet-il de transformer la Constitution en un catalogue d'exceptions, de cas particuliers où l'on trouverait tout et son contraire ?

Jusqu'où doit-on aller dans le détail sans risquer un émiettement constitutionnel ?

Faut-il une disposition constitutionnelle pour chaque problème rencontré Outre-mer ? D'après le président de la République, à défaut de pouvoir adapter la loi ordinaire, il suffit "d'adapter la Loi fondamentale aux territoires ultra-marins : nous l'avons fait pour la Polynésie française et pour la Nouvelle-Calédonie".

Surtout, faut-il considérer que le Conseil constitutionnel a pour rôle de permettre l'adoption de la loi souhaitée par la majorité relative de l'Assemblée en censurant les dispositions qui ont permis son adoption majoritaire par le parlement et qu'il est réduit à l'impuissance dès lors que pour éviter sa censure, on essaye de le contourner en révisant la Constitution ? »[1].

Pour sa part, Thomas Msaïdié rapporte de manière très opportune et pertinente l'état factuel de la situation : « *La question du droit du sol à Mayotte revêt une importance particulière dès lors qu'elle est conçue comme outil de lutte contre l'immigration irrégulière. Ce droit, dont la mise en place sur l'Île au Lagon a été très tardive, a fait l'objet d'aménagement afin de le rendre propre à l'usage qui lui est assigné par le législateur en matière de gestion de flux migratoire.* "Malgré [les] efforts d'une ampleur inédite, la

---

[1] Note écrite du Professeur Daniel Dormoy à la Mission d'Information pour Mayotte, Paris, 2024.

situation reste très préoccupante sur le plan sécuritaire et migratoire" : *cet aveu d'échec a conduit le gouvernement à revoir sa doctrine sécuritaire et en matière de contrôle migratoire, en annonçant la suppression du droit du sol à Mayotte.* [...]. *Ce n'est qu'en 1993 que le législateur a pris soin d'intégrer Mayotte dans le champ des dispositions de l'article 6 du code de la nationalité.*

L'expression "en France", *qui fixe le champ d'application territorial dudit code, inclut désormais Mayotte, en instituant toutefois un régime spécial pour les enfants nés à Mayotte et à Wallis et Futuna d'un parent né dans les TOM ou dans un territoire ayant le statut de colonie relevant de la souveraineté de la France, dont l'application du double droit du sol a été différée au 1er janvier 1994.*

Ce choix a fait l'objet de sévères critiques fondées sur la violation du principe de l'indivisibilité de la République. Dans sa décision n°93-321 DC du 20 juillet 1993, le Conseil constitutionnel n'a pas été sensible à cet argument et, au contraire, a considéré que le choix du législateur d'accorder à ces enfants le droit à l'attribution de la nationalité corrige "une restriction à l'exercice d'un droit lié à des attaches avec une partie déterminée du territoire de la France".

Ainsi, l'extension du jus soli *(droit du sol) à Mayotte n'a pu s'opérer tardivement qu'en 1993, au moyen d'adaptations.* [...]. *Les règles d'acquisition et d'attribution de la nationalité française à Mayotte ont soulevé d'importantes difficultés, qui ont contraint le législateur à adopter une conception plus restrictive de la nationalité. Utilisées par les personnes entrées illégalement à Mayotte comme une arme de régularisation massive de leur situation, ces règles ont été détournées de leur portée initiale. Les parents étrangers gardent toujours l'espoir de voir leur situation régularisée par le seul fait d'avoir mis au monde un enfant sur le sol français, une naissance ouvrant ainsi la perspective d'obtenir la nationalité française.*

Or, cette croyance tenace est pourtant en partie fausse, car l'acquisition de la nationalité pour un enfant né à Mayotte (et donc en France) de parents étrangers ne s'opère pas automatiquement. L'enfant ne peut y prétendre à sa majorité que si, "à cette date, il a en France sa résidence et s'il a eu sa résidence habituelle en France pendant une période continue ou discontinue d'au moins cinq ans, depuis l'âge de onze ans"».

Pour conclure ici, le Professeur Olivier Gohin, « *sortant de la technique juridique pour intégrer la sphère politique* », attire l'attention sur une démarche qui s'inscrirait à l'opposé de la marche d'intégration républicaine qui caractérise le combat de plus d'un demi-siècle de Mayotte française.

Enfin, toujours dans ce débat à la fois difficile et intense, il y a les prises de position des commentateurs qui sont très nombreux sur le sujet. J'en retiendrai deux principalement dont Yves Thréard du *Figaro* et Julia Pascual du journal *Le Monde*. Pour Yves Thréard, « *face à l'anarchie migratoire qui règne à Mayotte, une mesure peut également cacher une autre. À la suppression locale du droit du sol, le ministre de l'Intérieur souhaite en effet ajouter l'abandon du visa territorialisé. En d'autres termes, les étranges régularisés sur place pourront mettre après, le cap sur le territoire métropolitain. Or, de plus en plus d'Africains venus du Mozambique ou de la région des Grands Lacs débarquent à Mayotte. Tel un appel d'air, cette décision risque fort d'attirer encore davantage de migrants, effaçant du même coup l'objectif recherché en premier lieu. Il est à parier que l'archipel deviendrait une escale très prisée sur le chemin de l'Europe* »[1].

Pour sa part, Julia Pascual note que « *les conséquences de la réforme sont en effet loin d'être évidentes. Il reste à prouver que les Comoriens se disent* "on va à Mayotte où on fait un enfant, on attend ses 13 ans et à ce moment-là, on

---

[1] Yves Thréard : *Droit du Sol à Mayotte : et pourquoi pas en métropole ?* ***Le Figaro***, Paris, 11 février 2024.

obtient un titre de séjour en tant que parents d'enfants français" »[1]. Qu'il me soit permis à ce stade de formuler quelques observations.

D'abord, de constater que ce débat sur la suppression du droit du sol a vu la résurrection de l'affrontement sempiternel entre la droite et la gauche, qu'Emmanuel Macron avait cru et espéré avoir gommé. Les oppositions à la réforme se sont exprimées à la tribune du journal *Le Monde* et les soutiens à la réforme se retrouvent publiés au journal *Le Figaro*.

La seconde observation tient au fait que les oppositions apparaissent plus comme des postures idéologiques, parfois avec une sensation désagréable (opposition justifiée par le souci que la fin du titre de séjour territorialisé permettrait aux étrangers d'arriver dans l'Hexagone). En plus, les oppositions à la proposition du gouvernement soutiennent toujours plus d'immigration, mais à condition qu'elle reste cantonnée à Mayotte et n'atteigne pas l'Hexagone.

C'est dire que la prise en compte de la situation de chaos dans laquelle est plongé le département de Mayotte est très aléatoire. Pourtant, des éléments objectifs sont sur le domaine public et permettent un débat objectif.

J'en citerai trois exemples.

Le premier exemple à citer, c'est que la proposition serait « *mauvaise* » au motif que les responsables politiques Les Républicains et du Rassemblement national la soutiennent. Je ne vois pas en quoi la proposition serait dangereuse, au seul motif qu'elle recueille le soutien du Rassemblent national. Manifestement, les analystes n'ont pas remarqué que depuis le début de la législature, ce parti a voté plusieurs textes du gouvernement, que ses élus participent activement à la vie et à l'activité de l'Assemblée nationale, notamment en siégeant à la Conférence hebdomadaire des présidents, en présidant

[1] Julia Pascual : *La suppression du droit du sol à Mayotte, une mesure voulue par l'extrême-droite, aux conséquences incertaines,* ***Le Monde***, Paris, 12 février 2024.

des séances de l'Assemblée nationale. Je ne suis pas adhérent du RN, mais j'observe, en parfait républicain, que les élus de cette formation politique ont exactement la même légitimité démocratique que les autres membres, élus, de l'Assemblée nationale. La légitimité du suffrage universel qui permet aux élus des différents groupes politiques de siéger dans cette Assemblée est la même qui permet aux élus de cette formation politique d'y siéger. Il faudra sans doute un jour que nous renoncions à l'espèce d'arrogance antidémocratique imposée par les donneurs de leçons…

Le deuxième exemple porte sur le bilan de mise en œuvre de la loi 2018, lequel bilan fait sortir qu'en cinq ans de pratique et de mise en œuvre, la disposition a permis de diviser par deux, voire par trois, le nombre d'accédants à la nationalité. Les opposants à la réforme considèrent que cette dérogation de 2018 n'a pas infléchi la courbe exponentielle des migrations. C'est exact. Mais, ils n'en dénoncent pas les raisons, tenant, d'un côté, au détournement de la disposition, par des complicités locales, au travers des milliers de reconnaissances frauduleuses de paternité et/ou de maternité qui sont restées impunies, nonobstant la loi pénale sur ce point. D'un autre côté, l'autre explication est dans le déploiement à Mayotte de certaines politiques publiques, très inadaptées aux réalités locales, et qui concourent aux mêmes fins : l'accès sans conditions à l'École et aux soins, avec toujours l'espoir qu'après un certain temps de présence sur l'île, la régularisation deviendra obligatoire grâce aux reconnaissances tout à fait frauduleuses. L'analyse présentée par les opposants à la proposition de suppression du droit du sol ne résiste pas non plus aux statistiques de délivrance des titres de séjour.

La Préfecture de Mayotte délivre chaque année quelque 16.000 nouveaux titres de séjour dont 14.000 le sont sur le fondement du regroupement familial et au profit des mères d'enfants prétendument français, lesquelles mères obtiennent outre le regroupement des autres membres de la fratrie restés aux Comores et de l'époux, mais également la régularisation définitive de leur situation administrative.

Enfin, les dysfonctionnements qui traversent le Tribunal judiciaire de Mamoudzou ont également un impact sur cette statistique. En effet, la crise du Covid-19 de 2020 et les sous-effectifs au sein de ce Tribunal font que plusieurs demandes déposées depuis plusieurs mois n'ont été ni enregistrées, ni instruites.

À mes yeux, Philippe Fontana est plus proche des réalités mahoraises lorsqu'il propose de réformer ce droit par la loi simplement, en vertu de l'article 34 de la Constitution, avant de noter que la seule réforme du droit du sol sera insuffisante à endiguer le problème. Il faudra mobiliser d'autres outils juridiques et déroger à la mise en œuvre « *bête et méchante* » des politiques publiques qui concourent au chaos. La réforme annoncée de la suppression du droit du sol ne peut pas faire l'économie d'une réflexion et d'une décision sur l'accès pour tous à la santé et à l'École ; prescrire l'interdiction de régularisation pour toute personne arrivée illégalement à Mayotte et reconduire systématiquement vers son pays d'origine toute parturiente venue à Mayotte pour accoucher au CHM, à partir du moment où le bébé et la maman ne présentent pas des pathologies susceptibles de mettre en danger leur santé.

Au soutien de l'avis de Me Philippe Fontana, je retiens qu'il est exact que le Conseil constitutionnel ne s'est pas trop souvent prononcé sur la question de la nationalité mais qu'en même temps, il a eu à plusieurs reprises l'occasion de prendre position au travers de quelques attendus de principe. J'y reviendrai.

L'exposé de thèses en présence soulève deux questions qu'il convient d'identifier pour mieux aborder le débat : la première tient au principe même de la suppression du droit du sol dans un département. Est-ce qu'il faut la faire dans son principe ? La seconde pose la question, en cas de réponse favorable à la première : avec quel cavalier serait-on mieux à même de le faire ? Faut-il réformer la Constitution à cette fin ou une loi simple suffirait sans risquer la foudre du Conseil constitutionnel pour inconstitutionnalité ?

Les opposants au principe même de suppression du droit du sol considèrent qu'il faille impérativement modifier la Constitution dans un premier temps en caressant l'espoir que le « *mur constitutionnel* » soit trop grand à escalader par le gouvernement avant de convoquer des atteintes à des principes constitutionnels majeurs tenant à l'indivisibilité de la République et à la nature fondamentale du droit du sol.

Sans doute, derrière leur tête, il y a l'idée que ce sera très difficile à faire adopter la loi sur la suppression du droit du sol au regard de l'extrême éclatement du parlement et particulièrement de l'Assemblée nationale, avec une majorité relative, elle-même assez hésitante sur le sujet. Défendant au nom de la protection de cette indivisibilité, ils affirment que les exceptions n'ont pas leur place dans la Constitution. Quant aux soutiens à la réforme proposée, ils affirment en premier lieu que le droit du sol ne relève pas des principes fondamentaux reconnus par les lois de la République, avant d'ajouter qu'il n'est pas même nécessaire de réformer la Constitution pour supprimer le droit du sol à Mayotte. Pour eux la nationalité est du domaine de la loi, et le législateur a toute latitude et toute légitimité pour en changer les règles.

Ils se fondent en cela sur la jurisprudence du Conseil constitutionnel, et singulièrement sur sa décision du 20 août 1993. Pour ma part, à titre principal, je suis favorable à la réforme constitutionnelle, et à titre subsidiaire, je ne suis pas loin d'adhérer à cette thèse d'une compétence législative pure. Mon penchant à une compétence constituante tient de l'attitude constante du Conseil constitutionnel, qui a fait le choix de descendre dans l'arène politique. Les décisions que la Haute juridiction a rendues en janvier 2024 à propos de la loi sur l'immigration et en avril 2024 sur le recours des LR au

Référendum d'initiative partagé (RIP) m'ont durablement convaincu qu'elle fait désormais plus de politique que de Droit constitutionnel, même si je dois en convenir que la Constitution renferme une conception politique dans le réel dialogue de nos institutions.

En second lieu, pour avoir porté la proposition de suppression du droit du sol à Mayotte, depuis près d'un quart de siècle, je demeure toujours favorable, sur le plan politique, et peu importe le cavalier utilisé. Il en va de même sur le terrain juridique, peu importe le cavalier utilisé, qu'il soit constitutionnel ou législatif.

J'ajoute ne pas être sûr d'avoir lu et compris le même texte fondamental que Monsieur le professeur Patrick Weil. Malgré ma modestie, je m'autorise à lui rappeler que notre Loi fondamentale contient beaucoup d'exceptions, sans que la République ait eu à trébucher. Je pense naturellement à la disposition applicable à la Nouvelle-Calédonie, disposition qui a permis jusqu'ici d'écarter un ¼ des électeurs français en Nouvelle-Calédonie du suffrage universel local. L'exemple de l'article 73 de la Constitution, qui permet des dérogations et des adaptations, en raison des caractéristiques et des contraintes particulières des collectivités d'outre-mer, avec une possibilité ouverte, à des dérogations à la carte, à la disposition des collectivités locales à l'exclusion de quelques matières relevant de la souveraineté nationale.

Enfin, on peut invoquer la dérogation dite « *amendement Virapoulé* » du nom d'un ancien sénateur de la Réunion, qui permet d'exclure de ce département certaines contingences de l'article 73 de la Constitution.

Il est noté : « *La disposition prévue aux deux précédents alinéas n'est pas applicable au département et à la région de la Réunion* »[1]. Toujours sur le terrain des dérogations, cette fois-ci, me fondant sur la Constitution, l'on peut mentionner à l'endroit de Mayotte, la restriction du droit du sol en 2018, d'un côté, et de l'autre, le contrôle d'identité généralisé sur l'ensemble du territoire de l'île.

Ces observations personnelles mises à part, attardons-nous un instant sur l'approche du Conseil constitutionnel sur le sujet ; d'abord, il reconnaît que le législateur tient de l'article 34 de la Constitution une compétence générale pour réformer le droit de la nationalité, et cette compétence ne trouve de limites que sur les droits et libertés individuels des citoyens tels que reconnus par la Constitution.

Ainsi, rappelle-t-il que : « *La France est une République indivisible, laïque, démocratique et sociale. Elle assure l'égalité devant la loi de tous les citoyens sans distinction d'origine, de race ou de religion.* [...]. *Son organisation est décentralisée* » et que « *dans les départements et les régions d'outre-mer, les lois et règlements sont applicables de plein droit. Ils peuvent faire l'objet d'adaptations tenant aux caractéristiques et contraintes particulières de ces collectivités* ».

---

[1] Article 73 de la Constitution : « [...]. *Par dérogation au premier alinéa et pour tenir compte de leurs spécificités, les collectivités régies par le présent article peuvent être habilitées, selon le cas, par la loi ou par le règlement, à fixer elles-mêmes les règles applicables sur leur territoire, dans un nombre limité de matières pouvant relever du domaine de la loi ou du règlement.*
Ces règles ne peuvent porter sur la nationalité, les droits civiques, les garanties des libertés publiques, l'état et la capacité des personnes, l'organisation de la justice, le droit pénal, la procédure pénale, la politique étrangère, la défense, la sécurité et l'ordre publics, la monnaie, le crédit et les changes, ainsi que le droit électoral. Cette énumération pourra être précisée et complétée par une loi organique.
La disposition prévue aux deux précédents alinéas n'est pas applicable au département et à la région de La Réunion. [...]. ».

Il est loisible, à tout moment, au législateur statuant dans le domaine qui lui est réservé par l'article 34 de la Constitution, de modifier des textes antérieurs, ceci en leur substituant, les dispositions que, pendant l'exercice de ce pouvoir ne sauraient aboutir à priver des garanties légales des exigences de caractère constitutionnel.

Dans l'objectif d'intégration qu'il s'est fixé, le législateur n'a jamais méconnu le principe d'égalité en distinguant pour la détermination du droit à la nationalité française de leurs enfants, la situation des parents nés sur un territoire d'outre-mer, de celle des parents nés sur un territoire antérieurement à l'indépendance.

Dans un deuxième temps, il constate qu'aux termes de l'article 6 de la Déclaration des Droits de l'Homme et du Citoyen du 26 août 1789, « *la loi doit être la même pour tous, soit qu'elle protège, soit qu'elle punisse* » ; que « *le principe d'égalité ne s'oppose ni à ce que législateur règle de façon différente des situations différentes, ni à ce qu'elle déroge à l'égalité pour des raisons d'intérêt général pourvu que, dans l'un et l'autre cas, la différence de traitement qui en résulte, soit en rapport direct avec l'objet de la loi qui l'établit* »[1].

Il a également précisé que le principe d'égalité ne fait pas obstacle à ce qu'une loi établisse des règles différentes à l'égard des catégories des personnes qui se trouvent dans des situations différentes, dès lors que la différence de traitement qui en résulte est en rapport avec l'objet de la loi.

Le Conseil constitutionnel note aussi que les étrangers parents d'enfants de nationalité française ne sont pas dans la même situation que ceux qui ne peuvent s'en prévaloir de nature, favoriser l'appartenance nationale que dès lors, en opérant telle distinction et égard à l'objectif d'intégration dans la communauté nationale qu'il se fixait, le législateur, n'a pas méconnu, le principe d'égalité.

---

[1] Conseil constitutionnel : *Décision n°2013-360 QPC,* 9 janvier 2014, Affaire Mme Jalila.

On note aussi, s'agissant du Conseil constitutionnel : « *En outre, examinant la situation juridique des étrangers, il considère qu'aucun principe non plus qu'aucune règle de valeur constitutionnelle n'assure aux étrangers des droits de caractère général et absolu d'accès et de séjour sur le territoire national ; que les conditions de leur entrée et de leur séjour peuvent être restreintes par des mesures de police administrative conférant à l'autorité publique des pouvoirs étendus et reposant sur des règles spécifiques ; que le législateur peut ainsi mettre en œuvre les objectifs d'intérêt général qu'il s'assigne ; que dans ce cadre juridique, les étrangers se trouvent placés dans une situation différente de celle des nationaux ; que l'appréciation de la constitutionnalité des dispositions que le législateur estime devoir prendre ne saurait être tirée de la comparaison entre les dispositions de lois successives ou de la conformité de la loi avec les stipulations de conventions internationales mais résulte de la confrontation de celle-ci avec les seules exigences de caractère constitutionnel.*

Il lui appartient de respecter les libertés et droits fondamentaux de valeur constitutionnelle reconnus à tous ceux qui résident sur le territoire de la République ; que s'ils doivent être conciliés avec la sauvegarde de l'ordre public, qui constitue un objectif de valeur constitutionnelle, figurent parmi ces droits et libertés, la liberté individuelle et la sûreté, notamment la liberté d'aller et venir, la liberté du mariage, le droit de mener une vie familiale normale ; qu'en outre les étrangers jouissent des droits à la protection sociale, dès lors qu'ils résident de manière stable et régulière sur le territoire français ; qu'ils doivent bénéficier de l'exercice de recours assurant la garantie de ces droits et libertés »[1].

Il appartient au législateur d'assurer la conciliation entre la sauvegarde de l'ordre public, qui constitue un objectif à

[1] Conseil constitutionnel : Décision n°93-32 DC du 13 août 1993 – https://droit.conseil-constitutionnel.fr/décision/1993/93325DC.htm

valeur constitutionnelle et les exigences de la liberté individuelle et du droit à une vie familiale normale, et de conclure qu'il appartient au législateur d'apprécier les conditions dans lesquelles les droits de la famille peuvent être conciliés avec les impératifs d'intérêt public s'agissant d'étrangers entrés irrégulièrement sur le territoire français[1]. La situation qui est vécue par Mayotte est à prendre en compte.

Doit-on alors rappeler que la République décentralisée reconnaît les peuples d'outre-mer au sein du peuple français ? Doit-on rappeler que l'égalité n'est pas la même selon que l'on soit à Mayotte, dans d'autres départements d'outre-mer ou dans l'Hexagone ? Je renvoie à un arrêt du Conseil d'État en date du 30 juin 2003. Dans cette affaire, il était demandé au Conseil d'État d'annuler sur le fondement d'une rupture de l'égalité un texte ayant plafonné les allocations familiales à 50% de l'allocation nationale, à trois enfants par famille le nombre d'enfants éligibles.

Pour le Conseil d'État, « *eu égard aux différences qui existent entre cette collectivité (Mayotte) et la métropole tant du point de vue de la situation économique, de la démographie et du statut qui s'applique à la plupart des personnes qui y résident et à l'objet de maîtrise de la natalité nécessaire au développement de cette collectivité, les dispositions précitées ont pu prévoir l'attribution des prestations familiales dès le premier enfant et limiter à trois le nombre d'enfants ouvrant droit à ces prestations, que par suite, les moyens tirés de ce que les dispositions contestées excédant les limites de l'habilitation donnée par la loi aurait méconnu le principe d'égalité et les stipulations de l'article 14 de la Convention européenne de Sauvegarde des Droits de l'Homme et des Libertés fondamentales et de l'article 1er du premier protocole additionnel à cette Convention doivent être écartés* »[2] avant

---

[1] Conseil constitutionnel : Décision n°93-32 DC du 13 août 1993 – https://www.conseil-constitutionnel.fr/décision/1993/93325DC.htm
[2] Conseil d'État, Arrêt n°246 590 du 30 juin 2003.

d'ajouter, qu'eu égard à leur objet, les dispositions contestées de l'ordonnance ne sauraient être regardées comme contraires au principe d'indivisibilité de la République. Bref, comme dirait le président de la République, « "l'archipel France" *est pluriel* ». C'est probablement ce que feignent d'oublier *nos* intellectuels et *nos* politiciens qui sont incapables de s'élever au-dessus des contingences idéologiques pour les uns, et politiciennes pour les autres, et cela, pour écrire avec les Mahorais, la reprise en main de leur destin historique, qu'ils ont décidé d'écrire en français et non en comorien.

En d'autres termes, est-ce nécessaire de modifier la Constitution pour pouvoir supprimer le droit du sol sur l'île de Mayotte ? Pour y répondre, allons consulter à nouveau les « *tabloïdes* » du Conseil Constitutionnel. Si celui-ci n'a pas eu directement à connaître de la question de la suppression du droit du sol, il a eu l'occasion à plusieurs reprises de se prononcer autour de ces problématiques constitutionnelles et à construire un canevas d'ensemble. Il avait commencé par rappeler le champ de compétences du législateur dans cette matière. À plusieurs reprises, il a considéré que « *le principe d'égalité ne fait pas obstacle à ce qu'une loi établisse des règles différentes à l'égard des catégories des personnes se trouvant dans des situations différentes, dès lors que la différence de traitement qui en résulte est en rapport avec l'objet de la loi ; que les étrangers parents d'enfants de nationalité française ne sont pas dans la même situation, que ceux qui ne peuvent se prévaloir de nature, favoriser l'appartenance nationale que dès lors, en opérant une telle distinction eu égard, à l'objectif d'intégration dans la communauté nationale qu'il se fixait, le législateur n'a pas méconnu le principe d'égalité* »[1].

Enfin, plus spécifiquement, la Haute juridiction a, à l'endroit de Mayotte admis à plusieurs occasions, en raison de la situation particulière tirée notamment de l'importance

---

[1] Conseil constitutionnel : Décision n°93-321DC du 20 juillet 1993.

de l'immigration et à l'insécurité que le législateur adopte des mesures dérogatoires, en tenant compte des contraintes très spécifiques auxquelles le territoire est confronté : « *En ce qui concerne les dispositions du code civil, en premier lieu, la population de Mayotte comporte, par rapport à l'ensemble de la population résidant en France, une forte proportion de personnes de nationalité étrangère, dont beaucoup en situation irrégulière, ainsi qu'un nombre élevé et croissant d'enfants nés de parents étrangers. Cette collectivité est ainsi soumise à des flux migratoires très importants. Ces circonstances constituent, au sens de l'article 73 de la Constitution, des* "caractéristiques et contraintes particulières" *de nature à permettre au législateur, afin de lutter contre l'immigration irrégulière à Mayotte, d'y adapter, dans une certaine mesure, non seulement les règles relatives à l'entrée et au séjour des étrangers, mais aussi celles régissant l'acquisition de la nationalité française à raison de la naissance et de la résidence en France. En adoptant les dispositions contestées, le législateur a ainsi entendu tenir compte de ce que l'immigration irrégulière à Mayotte pouvait être favorisée par la perspective d'obtention de la nationalité française par un enfant né en France et par les conséquences qui en découlent sur le droit au séjour de sa famille.*

En deuxième lieu, l'adaptation prévue par les dispositions contestées porte sur les seules règles d'acquisition de la nationalité française par un enfant né à Mayotte de parents étrangers et sans que l'un d'eux ne soit lui-même né en France. Tout en maintenant inchangés les critères d'âge et de résidence applicables à un enfant né à Mayotte de parents étrangers, ces dispositions imposent également d'établir la régularité du séjour de l'un de ses parents au moment de sa naissance, pendant une période minimale limitée à trois mois. Ces dispositions se bornent ainsi à modifier certaines conditions d'exercice du droit à l'acquisition de la nationalité française à raison de la naissance et de la résidence en

France. En troisième lieu, les dispositions contestées sont applicables à l'ensemble des enfants nés à Mayotte de parents étrangers, quelle que soit la nationalité de ces derniers ou leur origine géographique. Elles n'instituent ainsi aucune discrimination contraire à la deuxième phrase du premier alinéa de l'article 1er de la Constitution »[1].

En conclusion de ces trois évocations jurisprudentielles, il ressort que les deux plus hautes juridictions du pays ont considéré que le législateur tire de l'article 34 de la Constitution une liberté totale pour régir le droit de la nationalité, pour le modifier, mais également pour proposer des dispositions différentes applicables aux étrangers qui ne sont pas dans la même situation juridique que les nationaux, sauf sur les libertés individuelles garanties par la Loi fondamentale. En outre, le droit de la nationalité ne relève pas des principes généraux de Droit garantis par la Constitution. Saisi à plusieurs occasions sur des prétendues méconnaissances par le législateur du principe d'indivisibilité du territoire national, il a également écarté cette critique, en considérant que ces réformes intervenues sur le fondement de l'article 73 de la Constitution ont pu intervenir sans que ne soit mis en danger ce principe d'indivisibilité.

Au total de cette analyse, on peut considérer que l'atteinte à l'indivisibilité du territoire national portée par suppression du droit du sol à Mayotte pourrait se justifier par des circonstances particulières que connaît l'île. Certains opposants à la proposition invoquent l'impossibilité de réunir les 3/5 des parlementaires nécessaires à l'adoption de la réforme. Je note simplement que ladite proposition est soutenue par les trois principales personnalités de l'État : le chef de l'État, président de la République, le président du Sénat et le Premier ministre. Si ces dirigeants ne peuvent pas à trois représenter les 3/5 des membres du parlement, c'est qu'il y a un vrai souci de santé

---

[1]https://www.conseilconstitutionnel.fr/sites/default/files/as/root/bank_mm/decisions/2018770dc/2018770dc.pdf

démocratique en France. Il faut donc poser le problème de manière réaliste.

Pour ma part, en tenant compte de la levée des boucliers provoquée par la proposition du gouvernement, laquelle proposition reçoit mon approbation totale et mon soutien, j'ai suggéré que l'on revienne à la disposition précédente de 1993 relative au droit de la nationalité en vigueur sur le territoire de Mayotte. Il s'agit d'appliquer non point le double droit du sol, mais le triple droit du sol, règle à rappeler simplement dans le cadre d'un contentieux judiciaire relativement à la nationalité, le procureur général près la cour d'appel de Saint-Denis – Chambre d'Appel de Mamoudzou, et qui demeure encore en vigueur pour celles des personnes nées à Mayotte et majeures en juillet 1993: « *Il convient en premier lieu de rappeler que la double naissance à Mayotte n'est pas ce qui permet de prétendre à la qualité de Français comme* "originaire" *de Mayotte.*

En effet, c'est l'annexion du territoire mahorais par la France qui a conféré la nationalité française aux personnes qui s'y trouvaient à cette époque, aux autochtones de ce territoire ».

Au regard de l'ancienneté de l'évènement « *d'annexion* », pour justifier aujourd'hui de la nationalité française en qualité d'originaire de Mayotte, une personne doit justifier qu'elle est née à Mayotte, de parents et de grands parents eux-mêmes nés à Mayotte. La preuve doit donc être rapportée d'une chaîne de filiation légalement établie et ininterrompue entre 3 générations de personnes nées à Mayotte.

En revanche, s'agissant de la naissance sur seulement deux générations à Mayotte, il convient de rappeler qu'avant l'entrée en vigueur de l'article 44 de la loi du 22 juillet 1993 modifiant l'article 23 de la loi du 9 janvier 1973, le double droit du sol, ou *jus soli,* ne s'est pas appliqué à Mayotte. Sa réintroduction par la disposition précitée de la loi de 1993 n'a produit effets que sur les personnes nées à Mayotte encore mineures le 2 août 1993 et à la condition que l'un des parents soit né en France ou sur un territoire demeuré français (dont Mayotte)[1].

Ainsi, me paraît-il, possible de proposer de revenir purement et simplement à cette règle, en spécifiant que la preuve de la nationalité, en raison de la naissance à Mayotte doit être rapportée dans le cadre d'une chaîne de filiation légalement établie et ininterrompue entre trois générations de personnes nées à Mayotte.

Cette proposition a l'avantage d'accélérer la procédure, de contourner les reconnaissances problématiques et d'éviter que celles et ceux qui sont déjà sur le territoire et en situation irrégulière ne régularisent leur situation administrative par l'accouchement à Mayotte d'un enfant, c'est-à-dire la régularisation par la double naissance ou la reconnaissance frauduleuse. Cette proposition a l'avantage de mettre les potentiels nouveaux Français sur le même pied avec ceux qui, de façon bien visible, sont déjà dans le cas à Mayotte.

---

[1] Extrait des conclusions de l'Avocat général près la Cour d'Appel de Saint-Denis à propos d'un contentieux de la nationalité.

CHAPITRE XVI. NOS ATTENTES

Le 10 février 2024, Gérald Darmanin déclarait : « *Dans quelques heures, je serai de nouveau à Mayotte où je me rends régulièrement. Avec la nouvelle ministre déléguée aux Outre-mer, Marie Guévenoux, pour y rencontrer le Collectif des Citoyens, rétablir la paix publique à Mayotte et régler les problèmes importants qui se posent à vous. Je suis aussi venu pour premièrement demander bien sûr l'évacuation totale du camp de Cavani ; je suis venu vous dire que les personnes qui sont réfugiées, qui ont l'asile à Mayotte vont pouvoir être rapatriées dans l'Hexagone et vous dire que tous ceux qui n'ont pas eu l'asile et qui sont donc irréguliers sur le territoire national dans les heures qui viennent vont être assignés à résidence ou mis dans le Centre de Rétention administrative pour une expulsion immédiate, notamment au retour vers l'Afrique des Grands Lacs ou Madagascar.*

Ce qui, aujourd'hui, est important, c'est de rétablir la paix publique *en ayant compris que l'immigration irrégulière n'avait pas sa place à Mayotte. Et comme nous l'avons fait la dernière fois, la deuxième annonce, c'est que nous allons mettre en place l'opération* "Wuambushu 2" *qui a donné d'énormes résultats dans la destruction des* banga, *de la lutte contre l'immigration irrégulière : et bien sûr, la lutte contre la délinquance : 65 chefs de bande sont désormais condamnés, plus de moyens de force et de justice. Ce* "Wuambushu", *ce sera plus de moyens pour la Police et la Gendarmerie. Je viens d'ailleurs avec 15 hommes supplémentaires du GIGN dans l'avion mais aussi pour pouvoir lutter contre cette délinquance étrangère qui, malheureusement pourrit la vie de nos concitoyens. Je suis aussi venu vous dire que nous devons lutter tous ensemble contre ces réseaux d'immigration irrégulière, qui, parfois trouvent des complicités dans la société mahoraise et parfois dans la bonne société mahoraise, qui font venir des étrangers irréguliers pour travailler, des personnes qui donnent des certificats de paternité, des reconnaissances frauduleuses bien évidemment d'identité. Tout cela doit être condamné.* [...].

Je suis aussi venu vous dire qu'avec le ministre des Armées, à la demande du président de la République, nous mettrons en place bientôt un rideau de fer dans l'eau qui empêchera, bien sûr, le passage des Kwassa Kwassa *et des migrations irrégulières venant d'Afrique des Grands Lacs, malheureusement nous donne la situation que nous connaissons. Beaucoup plus de moyens d'interception, des nouveaux radars ; très concrètement, dans les prochains jours, vous verrez un changement radical* »[1].

Le succès de la politique de lutte contre l'immigration clandestine commande que l'État sorte de ses sentiers battus plus adaptés certes sur le plan national, mais guère sur l'île de Mayotte.

À situation exceptionnelle, des mesures exceptionnelles. Il doit nécessairement et inévitablement procéder à la totale suppression du droit du sol à Mayotte. Les Mahorais le demandent. Les Mahorais y sont prêts. Cette politique doit prescrire la suppression du droit du sol, interdire la possibilité de régulariser la situation des personnes entrées illégalement sur le territoire, reconduire systématiquement les femmes

[1] Gérald Darmanin, ministre de l'Intérieur et des Outre-mer : Message vidéo diffusé le 10 février 2024.

après leur accouchement sauf contre-indication médicalement constatée par les experts de l'État, permettre le dépôt des primo demandes de titre de séjour dans nos consulats aux Comores et ailleurs. De même que les nouvelles demandes de titre de séjour, les demandes d'asile doivent être déposées dans nos missions diplomatiques, aux Comores et ailleurs. La lutte contre les filières de migrants et la fraude documentaire doit être une priorité de la politique pénale du Parquet.

Le succès de cette politique suppose un changement de paradigme en Justice, par la création au sein du Tribunal judiciaire d'un pôle spécialisé dans la lutte contre la fraude documentaire : fausses attestations, fausses déclarations de naissance, fausses reconnaissances d'enfants, faux mariages et faux PACS, avec annulation de droit des titres de séjour et des titres d'identité à titre de peine principale pour tous les faussaires bénéficiaires, en application du principe « *fraus omnia corrumpit* », « *la fraude corrompt tout* »[1], et la saisie administrative entre les mains du préfet des immeubles des marchands de sommeil.

La même organisation doit être également mise en place à la Réunion, où ces pratiques s'exportent depuis Mayotte avec beaucoup de succès et en masse aussi. De sources autorisées, on apprend que les cabinets de notaires sur place à Mayotte sont submergés de demandes de PACS et concernent les mêmes personnes, capables de signer plusieurs PACS avec plusieurs personnes différentes en situation irrégulière.

Enfin, sans aucun doute, l'annulation systématique de la nationalité française conférée par les fausses reconnaissances

---

[1] « *Fraus omnia corrumpit* » : Adage juridique latin qui signifie « *la fraude corrompt tout* ». Ainsi, tout acte entaché de fraude peut-il faire l'objet d'une action en nullité. Dans le cas d'espèce, l'idée est de soutenir que dans le cadre de la mise en œuvre de son action publique, le Procureur de la République doit pouvoir, parallèlement à la sanction de la fraude de reconnaissance elle-même, devoir, au plan civil, requérir l'annulation des effets de cette fraude, et singulièrement de la nationalité des enfants, ainsi que le titre de séjour qui en est issu.

et l'annulation des titres de séjour subséquents participeront plus efficacement encore à dissuader les faussaires d'agir de la sorte. Sur le plan administratif, la création aux côtés du préfet de Mayotte, d'un préfet délégué à la lutte contre l'immigration, ayant la main sur l'ensemble des services et personnel de l'État qui concourent à la lutte contre l'immigration, ne serait pas un luxe. Elle est même une condition *sine qua non* parmi d'autres, nécessaire au succès de la lutte de ce fléau de la fausse documentation.

Cette lutte suppose le renforcement des moyens humains de contrôle des documents fournis pour l'instruction des dossiers. Il s'agit d'une impérieuse obligation. Cette mesure peut, à elle seule, réduire de 50% la délivrance des titres de séjour.

Enfin, la Police de l'Air et des Frontières (PAF) devra accepter de se délocaliser au nord, au plus près du théâtre de l'activité migratoire, car la première condition à l'efficience de cette politique demeure le contrôle de nos frontières, un contrôle sans lequel il n'y aura pas de politique véritable de lutte contre l'immigration clandestine, quels que soient les moyens budgétaires et financiers susceptibles d'être déployés pour l'opération.

La construction en toute urgence du deuxième Centre de Rétention administrative favorisera la nécessaire et même très impérieuse délocalisation de la PAF.

De nombreux opposants à la proposition de suppression du droit du sol affirment sans autre forme de procès que la dérogation au droit du sol opérée en 2018 n'a pas empêché l'atterrissage dans l'île d'un « *tsunami migratoire* ». Ce n'est pas totalement faux. Cependant, ils n'expliquent jamais les raisons de l'échec et en quoi il y a échec. Pour eux, la mesure n'est pas efficace car les candidats à l'immigration viennent toujours plus nombreux, mais pour des considérations et des motivations purement matérielles : « *Les papiers français* ». De telles affirmations démontrent à n'en point suffire la totale méconnaissance de leur part des réalités du terrain. En effet, pour comprendre l'origine ou les motifs de ce prétendu échec partiel de la réforme de 2018, il faut interroger les chiffres des reconnaissances frauduleuses, qui constituent un délit puni et réprimé sévèrement par la loi. Il convient également de mettre ce chiffre en face des poursuites engagées par le Parquet de la République pour les réprimander. Ici, se trouve l'explication objective et rationnelle de ce qui pourrait paraître comme un échec partiel.

La commune renommée et la clameur publique savent que les reconnaissances frauduleuses sont un sport territorial ici et sont produites industriellement. Sans doute que le phénomène avait commencé avant la disposition en question, bien sûr. Il s'est logiquement répandu et amplifié, faute d'une politique pénale résolue du Parquet pour considérer qu'il s'agit d'un sujet majeur mais nécessaire à l'équilibre et à la paix sociale locale. Des réseaux de faussaires sont constitués au vu et au su de tout le monde, bien évidemment, à l'exclusion totale du Parquet de la République, qui doit probablement considérer que « *ce n'est pas sa priorité du moment* ». Il est vrai qu'il n'y a pas mort d'homme surtout qu'il y a actuellement mieux à faire pour réprimer la délinquance en col blanc. Sinon aucune explication rationnelle ne vient justifier l'ignorance des réalités présentes sur le domaine public.

De sources multiples et convergentes, il est affirmé que certaines personnes mahoraises et comoriennes ont à leur actif jusqu'à plusieurs dizaines de reconnaissances d'enfants. Ces reconnaissances rétribuées, soit en monnaie sonnante et trébuchante dans leur immense majorité, soit en nature, arrivent de temps à autre, à l'exemple d'un de mes clients, probablement par accident, sur le bureau du Procureur de la République. Dans ce cas, il peut y avoir, mais pas toujours, des sanctions souvent particulièrement sévères. Il faudra sans doute que le garde des Sceaux reprenne sa circulaire signée à Mamoudzou en 2022 et redéfinisse la politique prioritaire du

Parquet, bien sûr en y maintenant la priorité contre la délinquance en col blanc mais aussi en insistant sur la répression nécessaire contre le délit d'aide au séjour irrégulier par la reconnaissance d'enfants et les fausses attestations destinées à l'aide au séjour des irréguliers.

Tenez bien, en fin d'année 2023, en consultation d'avocat, j'ai reçu la visite d'une personne assignée à comparaître devant le juge aux affaires familiales. Une mère d'enfant lui réclame une contribution à l'entretien et à l'éducation d'un enfant qu'il a reconnu. Ce client m'explique qu'à la sortie de prison, où il était enfermé pendant 4 ans, il a reçu la visite du commissaire de Justice, qui lui a remis ladite assignation. Un peu affolé et stressé car pensant repartir encore en prison, il vient me demander conseil. Naturellement, il ne souhaite pas assumer les devoirs légaux découlant de sa reconnaissance frauduleuse de paternité. Il m'explique avoir fait de la prison durant 4 ans. Il lui était reproché d'avoir effectué plus d'une dizaine de reconnaissances frauduleuses, et ce, au bénéfice de plusieurs femmes moyennant la rétribution de 100 euros par reconnaissance. À ma question de savoir comment toutes ces femmes l'ont identifié et localisé pour se faire établir ces faux documents de reconnaissance de paternité, il m'expliqua que ce fut par le truchement d'un Grand-Comorien en situation irrégulière, mais qu'il ne les avait jamais rencontrées. Il se trouve qu'il a été jugé et condamné à l'exclusion du rabatteur qui doit sans doute continuer à prospérer dans son juteux « *business* ».

Je soupçonne qu'il percevait à chaque reconnaissance la « *modique* » somme de 1.000 euros, le « *tarif* » habituel, à charge pour lui de rétribuer allègrement son faussaire de la somme de 100 euros par reconnaissance.

Dans le projet de loi avorté de 2021, le gouvernement avait trouvé la parade : celle de centraliser à la mairie de Mamoudzou l'ensemble des reconnaissances dans une plateforme, avec des alertes permettant d'éveiller l'attention des officiers d'état civil. Cette proposition laisse penser que les pouvoirs publics sont conscients de ces détournements et de la fabrication, à une échelle industrielle, de faux documents qui permettent de régulariser des personnes irrégulières sur le territoire de Mayotte.

Malheureusement, la machine d'État est lente à démarrer et à réagir avec vigueur. Il faudra sans doute attendre comme c'est le cas actuellement dans la lutte contre l'immigration que tout déborde avant de réagir. Sinon, nous avons bien conscience que la seule suppression du droit du sol comme j'ai pu l'indiquer par ailleurs ne suffira pas à juguler l'immigration. Il faut déployer une politique globale et systémique constituée de plusieurs mesures qui, mises séparément ne répondront pas à la question, mais prises dans leur ensemble et en même temps peuvent être efficaces.

À mon sens, ces mesures peuvent être de plusieurs sortes : législatives, avec l'interdiction de toute régularisation de la situation administrative de toute personne entrée illégalement à Mayotte, quelle que soit la durée de sa présence sur l'île ; l'immense majorité des personnes titulaires d'un titre de séjour délivré par la Préfecture de Mayotte sont des personnes arrivées illégalement dans l'île. Après plusieurs mois, voire plusieurs années d'attente sur le territoire, et aidé par la naissance d'un enfant, la scolarisation ou encore sa reconnaissance frauduleuse par une tierce personne française ou régulière, le clandestin se fait délivrer un récépissé, puis un titre de séjour. Pour finir, et dès l'âge de 11 ou 13 ans, les gamins déposent une demande d'accès à la nationalité. Dès ce moment-là, la mère, le père et les autres membres de la friterie deviennent des personnes impossibles à expulser. La seule alternative qui s'offre au préfet reste la régularisation de la famille. Chaque enfant accédant à la nationalité française offre potentiellement la possibilité de régulariser plusieurs personnes de sa famille. C'est par ce jeu mortifère que l'île s'enfonce petit à petit mais irrémédiablement dans le lagon.

Ceci prouve que la seule suppression du droit du sol ne peut suffire pour endiguer « *le tsunami migratoire* » déferlant sur Mayotte. L'urgence commande que la batterie des mesures à déployer et dont une partie est déjà annoncée par le ministre de l'Intérieur, dès la veille de sa venue dans l'île dans une vidéo à l'adresse des Mahorais, soit engagée au plus vite.

C'est à l'aune de ces orientations que je veux prendre la main tendue.

Je veux dire au gouvernement la disponibilité mahoraise pour participer à la reconquête de l'île, laquelle reconquête doit passer par des mesures à la portée du législateur et que je porte depuis 2005, puis en 2018 et 2023 sans succès. Chaque fois, mes propositions se heurtent à des arguments des plus fallacieux, prétendument pour « *inconstitutionnalité* » et pour « *violation de nos engagements européens et internationaux* ». J'accepte la main tendue surtout quand elle est accompagnée, en prime, d'une belle et sincère déclaration d'amour envers l'île, un point sur lequel je crois sincère le ministre Gérald Darmanin, lorsqu'il rappelle qu'il a dans son bureau, outre ses effets personnels et ses dossiers, la carte de Mayotte.

Compte tenu des enjeux en présence, les considérations idéologiques doivent être oubliées temporairement, dans un pays où il y a ce qu'on appelle les extrêmes : d'un côté, La France Insoumise, et de l'autre le Rassemblement national. La France Insoumise, en premier, ne veut en aucune manière entendre parler d'une réforme quelconque du droit du sol. Elle évoque, à cette fin, des principes de Droit que le Conseil constitutionnel lui-même n'a pas trouvés, au moins dans deux décisions.

Quant au Rassemblement national, avec le même excès d'approche sur le sujet, il propose de généraliser la mesure à l'ensemble du territoire français, tout en revendiquant la paternité sur la proposition. Or, il est acquis que François Baroin est à l'origine de la proposition dès septembre 2005, proposition que j'ai immédiatement soutenue par le dépôt de la proposition de loi du 26 septembre 2005. La situation particulière dans laquelle se trouve Mayotte justifie que nous ayons à répondre à la détresse, vraie, de nos compatriotes, à charge pour les uns et pour les autres de proposer ou pas à l'avenir cette question, qui ne peut être tranchée qu'à l'occasion d'un rendez-vous politique majeure qui est la future élection présidentielle.

CHAPITRE XVII. LES AUTRES PROPOSITIONS POUR MAYOTTE

Une fois de plus, nous prenons connaissance de propos tenus par le ministre Gérald Darmanin : « *Je suis venu vous dire que nous devons traiter de façon égale, bien sûr, les Mahorais avec tous les autres Français dans tous les autres départements de France. Mayotte est un département français. Il ne faut pas accepter les lubies de ceux qui disent qu'il faut une collectivité, qu'il faut même l'autonomie. Je suis contre l'autonomie. Je suis pour que Mayotte soit un département comme les autres, et c'est pour cela que le président de la République et le Premier ministre ont annoncé le projet de loi Mayotte, qui va permettre à chaque Mahorais d'avoir les mêmes droits et les mêmes devoirs, bien sûr que tous les autres départements sur le territoire national.*

Marie Guévenoux sera chargée de ce projet auprès de moi. Dans les prochaines semaines, nous le présenterons dans les deux chambres : l'Assemblée nationale et le Sénat. [...]. *Vous savez : dans mon bureau de ministre de l'Intérieur à Paris, il y a des affaires personnelles, il y a des dossiers, il y a bien évidemment aussi la carte de Mayotte en face de moi parce que vous êtes une priorité pour moi et vous savez à quel point j'ai de la passion et de l'amour pour votre beau lagon, votre belle jeunesse et tout ce que représente Mayotte pour la fierté française.*

Aidez-moi ! Aidez-moi à réussir à la République, discutons, travaillons ensemble et enfin rétablissons, ce que nous pensons être le mieux pour Mayotte, c'est à dire la France »[1].

C'est en ces termes que Gérald Darmanin s'est adressé aux Mahorais le 11 février 2024, alors que l'île était en état d'insurrection. À mon avis, le ministre ne pensait pas si bien dire que, mise à part les questions migratoires et d'insécurité qui sont d'importance capitale, la demande principale des Mahorais, c'est aussi d'espérer d'être traités comme tous les autres Français, c'est-à-dire des Français à part entière.

C'était déjà la promesse de Jacques Chirac, alors Premier ministre, en 1986. Voici ce que disait le futur président de la République : « *Nous pourrons, si vous le désirez toujours, achever cette évolution et prendre acte ensemble de ce que Mayotte est devenue, comme vous le souhaitez, et comme nous vous en reconnaissons la vocation, un département d'outremer français comme les autres, avec le même niveau d'équipement et de développement, avec des structures sociales et économiques comparables, et donc aussi avec les mêmes mécanismes administratifs et juridiques* »[2].

Cet objectif est malheureusement loin d'être acquis. Il est malheureusement fort à parier aussi que cette belle promesse finira comme les précédentes, qui demeurent sans lendemain. Mais, que recouvre pour le Mahorais, avoir les mêmes droits et les mêmes obligations que les autres Français ? S'agissant des obligations, il me plaît à rappeler que les Mahorais n'ont jamais refusé d'assumer leurs obligations vis-à-vis de la République et de l'État. C'est ainsi, faut-il le dire, qu'ils payent les mêmes impôts que n'importe quel citoyen de la République, selon leur capacité contributive. J'ajoute qu'ils

---

[1] Gérald Darmanin, ministre de l'Intérieur et des Outre-mer, message vidéo diffusé le 10 février 2024.

[2] Discours de Jacques Chirac, cité par **Kamardine (M.) :** *Discours de la République pour Mayotte, op. cit.*, p. 67.

n'ont jamais refusé de payer les mêmes cotisations sociales afin de pouvoir être sur un pied d'égalité sociale avec les autres Français et avoir la même pension de retraite que les autres Français. Mais, « *être comme les autres Français* » en termes de Droit, c'est d'abord obtenir du gouvernement l'amélioration du taux d'équipements de nos infrastructures structurants.

En exprimant cette revendication des plus basiques, je ne fais que rappeler par ordre chronologique les promesses déjà faites depuis de nombreuses années : l'extension de la retraite complémentaire dans les secteurs public et privé. Dans le secteur public, il s'agit d'étendre l'IRCANTEC. Pour le secteur privé, des améliorations sont attendues sur l'AGIRC – ARRCO. Cette mesure est posée sur la table de travail du gouvernement depuis une ordonnance de 2002. Un quart de siècle plus tard, Mayotte attend toujours sa mise en œuvre, retardée, au seul motif que les partenaires sociaux locaux dans le secteur privé n'ont pas encore réussi à s'entendre. Si une situation devait se produire dans l'Hexagone, l'État serait intervenu depuis bien longtemps.

De nombreuses administrations de l'État comme plusieurs administrations locales l'ont exécutée et mise en œuvre. Fort malheureusement, devant l'absence persistante du décret d'application prévu à cet effet, l'IRCANTEC ne veut plus prendre le risque de commettre le délit de « *concussion* » au détriment des employés et des salariés. Il refuse ainsi les cotisations du Rectorat et du Conseil départemental, au détriment des collaborateurs de ceux-ci, lesquels aspirent, eux aussi, à une retraite complémentaire. Or, avec ses difficultés existentielles, Mayotte a besoin d'être attractive. Mieux encore, cette *discrimination* conduit ses enfants à partir. Dans le secteur privé, l'on oppose une absence d'accord entre les partenaires sociaux pour justifier l'inaction. Malgré tout, il semblerait que certaines structures privées ont décidé, avec le soutien des syndicats, et sans attendre davantage, sa mise en œuvre. Ce serait probablement le cas à la Caisse de Sécurité sociale de Mayotte, en vertu d'un accord avec les syndicats des salariés. Là encore, il est difficilement concevable que l'on attende l'accord de tout le monde pour ce faire.

Le deuxième sujet de discrimination concerne l'égalité salariale. Ici encore, la promesse faite en 2014, en janvier 2015, par François Hollande, président de la République, pour une égalité salariale demeure à ce jour dans l'attente. À la date actuelle, non seulement l'égalité salariale n'est pas satisfaite, mais « *mieux* » encore, les inégalités se sont encore creusées davantage, dans la mesure où aucun mécanisme de rattrapage n'a été mis en place. En 2024, soit 10 ans plus tard, les pauvres Mahorais sont encore pauvres et demeurent dans l'attente de la chimère de l'égalité salariale. Sur ce point, ils attendent deux mesures inédites : aligner le salaire de base sur le SMIC national, aligner les cotisations sociales (part salariale et part employeur) et aligner le plafond de cotisation dans un calendrier resserré. À ce jour, seuls les autochtones travaillent en dessous du SMIG ! Cette discrimination devient insupportable quand on sait que si rien n'est fait, ils devront attendre l'année 2078 pour pouvoir prétendre à la même pension de retraite que « *les autres Français* ».

Le troisième volet pour satisfaire la promesse du gouvernement à l'égalité sociale a trait à l'accès aux *minima* sociaux non contributifs. Là encore, la promesse a été faite depuis des années et singulièrement depuis 2018 d'une adoption d'un agenda de la convergence sociale. De nombreux rapports d'inspection générale rédigés parfois avant le déplacement sur place de la mission ont été diligentés par le gouvernement. De mémoire, l'on peut en dénombrer 5 de 2017 à avril 2024.

Chaque fois qu'on a voulu enterrer la revendication, il a été décidé l'envoi d'une mission d'inspection générale. Au moment où je couche ces lignes, en avril 2024, une énième mission est passée dans l'île. Là encore, c'était déjà le cas en

2018, pour tenter d'éteindre la crise sociale qui couvait depuis plusieurs semaines sur le territoire.

Mayotte est le territoire le plus pauvre de la République, celui aussi où le coût de la vie est le plus élevé, et où le chômage est le principe et l'emploi l'exception. C'est enfin le territoire où le gouvernement a décidé, pour de fausses raisons, de plafonner l'aide sociale à 50% du montant servi au plan national au motif (sic) d'inciter les jeunes Mahorais à acquérir une culture du travail et de l'emploi, alors que rien n'est fait pour aider à la création des emplois d'une part, et d'autre part, pour mieux lutter contre l'attractivité de l'immigration clandestine, encore que ce second argument est des plus fallacieux au moins pour deux raisons : le régime d'accès au *minima* sociaux à Mayotte est dérogatoire du Droit commun, de sorte que les étrangers n'y ont accès que sous certaines conditions de durée et de présence régulière sur l'île, d'une part. D'autre part, tout est mis en œuvre par l'État pour encourager l'immigration, ou mieux encore, rien n'est fait pour décourager durablement l'immigration.

Il est un autre mensonge incapable de couvrir, expliquer et tenter de justifier désormais les discriminations dont l'île de Mayotte est victime : le refus de l'aide sociale aux Mahorais à Mayotte pour ce motif « *d'attractivité* » de l'île pour Comoriens potentiellement candidats à l'immigration clandestine, quand, en même temps, on continue à construire des écoles pour les enfants des clandestins, des logements sociaux pour ces étrangers fraîchement régularisés au nom du droit du sol et du regroupement familial et à soigner à titre gratuit et indistinctement en priorité tous les clandestins.

Finalement, la politique éloignée des réalités de Mayotte conduit à l'exode massif de nos populations vers d'autres régions françaises, où l'aide sociale est plus généreuse. L'île s'est vidée de sa jeunesse. Elle s'est appauvrie sur le plan de l'économie. Elle s'appauvrit intellectuellement de manière continue par suite de la fuite de ses cerveaux et de la force de travail. La présence massive de nos compatriotes sur l'île de la Réunion pose un problème d'intégration et d'exclusion, qui va s'amplifiant. Désormais, cette communauté se trouve montrée du doigt et ciblée par des élus de la nation sans grande réaction de la part de l'État.

Alors, je veux formuler solennellement le vœu que cette énième promesse du ministre de l'Intérieur ne ressemblera pas aux autres promesses de Gascon qui nous sont faites par les autorités de l'État sur la construction de la piste longue de l'aéroport de Mayotte, du second hôpital, de la cité judiciaire, du deuxième Centre de rétention administrative, de la seconde prison, des deux centres administratifs fermés et d'un centre de socialisation des jeunes délinquants désœuvrés, de l'Hôtel de Police, de l'Université de plein exercice, etc. Je souhaite seulement espérer que le projet de loi plusieurs fois annoncé et encore inconnu à quelques semaines de sa présentation au prochain Conseil des ministres porte les germes de l'égalité au sein de la République afin d'encourager ceux qui y sont encore à rester sur le territoire de leurs ancêtres et de pouvoir continuer à y vivre, peut-être à inciter ceux qui y avaient déjà songé, à revenir. L'horizon de 2026 reste plus que jamais notre boussole commune.

En effet, la promesse d'une convergence sociale avec une trajectoire partagée a été faite aux Mahorais à plusieurs reprises, à commencer par le chef de l'État : « *Grâce à cet argent, c'est l'amélioration des réseaux d'eau, indispensables en même temps que la bataille pour l'habitat. C'est ensuite la convergence des droits sociaux, et on commencera par les petites retraites, parce qu'on en a besoin, et parce qu'on sait qu'elles sont aujourd'hui trop basses* »[1].

Puis, une deuxième fois, toujours à l'occasion de sa visite officielle, le président de la République avait déclaré : « *Nous*

---

[1] Discours du Président de la République Emmanuel Macron à Mamoudzou https://www.elysee.fr/emmanuel-macron/2019/10/22/a-mayotte-le-message-du-president-emmanuel-macron-aux-mahorais

commencerons tout particulièrement par la retraite. La retraite moyenne est de 280 euros par mois. Elle n'est pas suffisante. Cela a été pointé par tous les élus, mais aussi par une bonne partie des retraités que j'ai pu croiser, et le diagnostic était établi par la ministre. De nombreux Mahorais ont travaillé tout au long de leur carrière, mais au moment de leur départ en retraite, ils sont pénalisés sur le caractère largement informel de l'économie mahoraise durant les premières années du régime obligatoire, soit entre 1987 et 2002, et ils sont pénalisés aussi par la disparition des archives antérieures à 1993.

Nous ne pouvons pas leur demander en quelque sorte de payer pour ces éléments auxquels ils ne peuvent rien.

C'est pourquoi je demande au gouvernement d'ouvrir une négociation sur la prise en compte de cette situation particulière, afin de faciliter le départ à la retraite des travailleurs âgés avec une retraite décente »[1].

Auparavant, les mêmes promesses non tenues et restées lettre morte ont été portées par Mme Annick Girardin, alors ministre des Outremers : « *Je m'engage à ce qu'avant la fin de l'année qu'il y ait véritablement un échéancier pour que l'ensemble des droits le plus vite possible soient alignés sur ceux de la métropole, parce qu'aujourd'hui c'est inadmissible* »[2].

Toujours pour Mme Annick Girardin : « *Votre proposition de loi, Monsieur le rapporteur, porte également sur l'égalité sociale. C'est un sujet qui me tient particulièrement à cœur et vous pouvez compter sur moi pour le faire avancer. Nous aurons sans doute l'occasion d'en débattre un peu plus tard.*

[1] Conférence de Presse du Président de la République – Mayotte (https://www.elysee.fr/emmanuel-macron/2019/10/22/conference-de-presse-du-president-emmanuel-macron-a-lissue-de-sa-premiere-journee-a-mayotte).

[2] À Mayotte 22 avril 2019. Mayotte La 1ère devant les Mahorais (JT19h Mayotte1ère https://www.youtube.com/watch?v=-cwdtsM2y98).

Les prestations sociales ne sont pas les mêmes à Mayotte que dans les autres départements d'outre-mer ou dans l'Hexagone, et ce n'est pas juste. Lors de mon déplacement d'avril, j'ai annoncé qu'un calendrier d'évolution des prestations serait donné aux Mahoraises et aux Mahorais avant la fin de l'année – cela n'avait jamais été fait – car il faut donner des perspectives, réalistes, mais ambitieuses »[1].

Je cite ici un autre propos de Mme Annick Girardin : « *M. le député Kamardine, nous nous sommes déplacés avec le président de la République à Mayotte, où nous avons pris un certain nombre d'engagements forts, que Mayotte attendait depuis longtemps. De plus, le Président a affirmé qu'il croyait au développement de Mayotte par l'emploi et le développement économique, ce qui rejoint la volonté d'investissement en matière d'infrastructures, et qu'il prenait l'engagement d'une convergence des droits au titre de la retraite et de l'allocation aux adultes handicapés (AAH), sans plus de discussions ou de dialogues. Pour la suite, je me suis engagée à l'établissement d'un échéancier sur lequel nous continuons à travailler avec le ministère concerné* »[2].

Mme Annick Girardin finit par quitter le gouvernement, le 6 juillet 2020, emportant avec elle ses promesses.

L'avant-dernière promesse qui nous a été faite est celle de Mme Élisabeth Borne, alors Première ministre, à l'occasion de son déplacement à Mayotte, au cours duquel elle avait promis d'apporter la réponse dans le cadre de la loi Mayotte.

Nous y sommes : « *Je souhaite que nous poursuivions la convergence sociale de manière pragmatique, en associant l'État, les partenaires sociaux et les élus locaux. Des chantiers importants nous attendent. La convergence du*

---

[1] Séance publique 20 juin 2019 devant la Représentation nationale (Compte-rendu intégral http://www.assemblee-nationale.fr/15/cri/2018-2019/20190284.asp#P177577).

[2] Délégation outremer 5 novembre 2019 devant les députés (Compte-rendu http://www.assemblee-nationale.fr/15/cr-dom/19-20/c1920002.asp).

SMIC ou la question des cotisations sociales et des prestations sociales – car l'un ne va pas sans l'autre. Les prochaines mesures de convergence pourront être intégrées naturellement dans le projet de loi sur Mayotte »[1].

En conclusion, je considère qu'il ne peut y avoir de véritable loi Mayotte sans un contenu précis d'une véritable convergence sociale à l'horizon de 2026. La mobilisation de tous est nécessaire. La loi doit s'accompagner de moyens conséquents et d'une implication forte et sincère de toutes les administrations de l'État.

La politique qui en naîtra devra être appliquée de manière prioritaire par toutes les institutions de l'État concernées.

---

[1] Discours de Mme Élisabeth Borne, Première ministre, à l'adresse des élus de Mayotte, le 8 décembre 2023, au Conseil départemental de Mayotte.

CONCLUSION

Le droit du sol est un droit reconnu par la République. À Mayotte, il donne lieu à des détournements de plus en plus violents et insupportables, par l'ampleur du phénomène et par le laxisme et l'impunité dont jouissent les auteurs de ces détournements, manifestement illicites.

Cette situation déplorable et périlleuse doit être laissée en l'état et permettre la poursuite du dévoiement d'une partie de la législation de la République ? C'est la question que posent aux dirigeants français les Mahorais, légitimement inquiets de voir leur île, partie intégrante de la République, devenir une zone de non-droit, par la transgression au quotidien des normes relatives au droit du sol par des migrants illégaux de plus en plus nombreux, de plus en plus violents, de plus en plus accapareurs par spoliation impunie de terres ancestrales mahoraises, des migrants venus pour l'essentiel des Comores voisines, plus particulièrement d'Anjouan. La perspective du détournement du droit d'asile sur le sol de Mayotte est devenue un facteur d'arrivées massives sur l'île de migrants clandestins qui mettent celle-ci en graves dangers sur tous les plans, dont celui de son appartenance à la République dans les années à venir. Pour que l'île continue à faire partie de la République, supprimons au plus vite le droit du sol.

Pour les Mahorais, il est temps de supprimer le droit du sol dans le cas particulier de leur île, et ce, non pas comme le prétendent les chantres du droit-de-l'hommisme et de la bien-pensance par rejet de l'autre, par pure « *xénophobie* » ou par pur « *racisme* », mais parce que :

- Mayotte est une petite île de 374 km², saturée en termes d'occupation d'espace et de fonctionnement des services publics, dans un contexte de grave crise multisectorielle ;
- Le droit du sol est détourné de manière exagérée, et met en danger Mayotte, et cela, avec des conséquences qui ne manqueront pas de se répercuter sur la France entière ;
- Du fait de l'attrait qu'exerce le droit du sol à Mayotte sur les futurs clandestins, ces étrangers constituent déjà la population majoritaire de l'île, et par conséquent, les Mahorais sont devenus minoritaires sur la terre de leurs ancêtres. C'est une situation que personne d'autre n'est disposé à accepter sur son territoire, y compris sur le sol de l'Hexagone ;
- L'immigration clandestine, y compris et surtout pour des raisons liées au dévoiement du droit du sol à Mayotte, a atteint des proportions inégalées et inquiétantes, comme cela est constaté notamment en termes de violence, de délinquance, de criminalité et d'insécurité produites au quotidien partout sur l'île par des clandestins, originaires essentiellement des Comores.
- Sans la suppression du droit du sol, dans moins de deux décennies, tous les postes de responsabilité de Mayotte seront entre les mains d'anciens clandestins comoriens, qui pourront alors faire sortir l'île de la République pour l'offrir sur un plateau d'or à leur pays d'origine, les Comores, qui pourront, de nouveau réduire cette île en état d'infériorité insignifiante, comme cela avait été le cas sous l'autonomie interne du Territoire des Comores, de 1946 à 1975.

Quand les Mahorais disent que la suppression du droit du sol diminuera très sensiblement l'attrait ayant fait de Mayotte la plus grande maternité de France et d'Europe, les opposants à cette nécessité vitale, drapés dans un juridisme de façade et étalant des arguties idéologiques de pure forme, leur opposent « *l'unité et l'indivisibilité* » de la République, dont l'article 1er de la Constitution : « *La France est une République indivisible, laïque, démocratique et sociale. Elle assure l'égalité devant la loi de tous les citoyens sans distinction d'origine, de race ou de religion. Elle respecte toutes les croyances. Son organisation est décentralisée* ».

Or, que diront les opposants à la suppression du droit du sol quand l'immigration illégale, notamment alimentée par la perspective du détournement de ce droit du sol, fera sortir Mayotte de la République au profit des Comores, qui n'ont cessé de revendiquer l'île au nom de la contiguïté alors que celle-ci ne saurait faire placer une île sous la souveraineté d'une autre pour cause de voisinage géographique ?

En effet, dans la sentence arbitrale sur l'affaire de l'île de Palmas ou Miangas, devenue intemporelle du fait de son magistère moral et juridique, donc de sa pertinence, il est noté que « *le titre de la contiguïté, envisagé comme base de la souveraineté territoriale, n'a aucun fondement en droit international* » : « *Bien que des États aient soutenu, dans certaines circonstances que les îles relativement proches de leurs côtes leur appartenaient en vertu de leur situation géographique, il est impossible de démontrer l'existence d'une règle de droit international positif portant que les îles situées en dehors des eaux territoriales appartiendraient à un État à raison du seul fait que son territoire forme pour elle la* terra firma *(le plus proche continent ou la plus proche île d'étendue considérable). Non seulement il semblerait qu'il n'existe pas de précédents suffisamment nombreux et d'une valeur suffisamment précise pour établir une telle règle de droit international, mais le principe invoqué est lui-même de nature si incertaine et si controversée que même les gouvernements d'un même État ont en diverses circonstances émis des opinions contradictoires quant à son bien-fondé.*

Le principe de la contiguïté, en ce qui concerne les îles, peut avoir sa valeur lorsqu'il s'agit de leur attribution à un État plutôt qu'à un autre, soit par un arrangement entre les parties, soit par une décision qui n'est pas nécessairement fondée sur le droit ; mais comme règle établissant ipso jure *une présomption de souveraineté en faveur d'un État déterminé, ce principe viendrait contredire ce qui a été exposé en ce qui concerne la souveraineté territoriale et en ce qui concerne le rapport nécessaire entre le droit d'exclure les autres États d'une région donnée et le devoir d'y exercer les activités étatiques. Ce principe de la contiguïté n'est pas non plus admissible comme méthode juridique pour le règlement des questions de souveraineté territoriale ; car il manque totalement de précision et conduirait, dans son application, à des résultats arbitraires. Cela serait particulièrement vrai dans un cas tel que celui de l'île en cause, qui n'est pas relativement proche d'un continent isolé, mais qui fait partie d'un grand archipel dans lequel des délimitations strictes entre les différentes parties ne sont pas naturellement évidentes* »[1].

Cette position exprimée par le Droit international dans la clarté éloigne juridiquement Mayotte des revendications pour le moins agressives des Comores, des revendications dont se servent les opposants à l'appartenance de Mayotte à la France depuis des décennies. Ces derniers prétendent également que la suppression du droit du sol à Mayotte nécessite avant tout une révision de la Constitution.

C'est ainsi que Laurent Fabius, le président du Conseil constitutionnel, considère que la suppression du droit de sol à Mayotte est problématique parce qu'elle heurte le principe de « *de l'unité et de l'indivisibilité de la République* », et que si doit se poser le problème de la suppression du droit du sol à

[1] **Cour permanente d'Arbitrage :** *Affaire de l'île de Palmas (Miangas). Les États-Unis contre les Pays-Bas. Sentence arbitrale. Arbitre : Max Huber,* La Haye, 4 avril 1928, pp. 41 et 25.

Mayotte par une révision de la Constitution, le Conseil constitutionnel n'a pas vocation à examiner les révisions de la Constitution.

En tout état de cause, le Droit public français permet de longue date l'adaptation des textes juridiques au contexte local quand les nécessités et le contexte territorial d'ordre public l'exigent. Or, c'est le cas de Mayotte.

La survie de Mayotte et son maintien au sein de la France nécessitent aujourd'hui à la fois la suppression du droit du sol et de la carte de séjour territorialisé. Il s'agit d'un important problème national qui, au nom de l'unité et de l'indivisibilité de la République française, doit permettre de transcender les sempiternelles divisions de la classe politique nationale sur la base d'idéologies improductives et stériles quand est en jeu l'intérêt supérieur du pays, notamment par la mise en danger de son intégrité territoriale et de ses frontières nationales.

Mais, est-ce que cette classe politique saura dépasser ses divisions pour envisager un tel enjeu national dans une réelle sérénité et être au rendez-vous de l'Histoire, après une longue période de promesses non tenues dont les Mahorais sont les éternelles victimes ? C'est toute la question que les Mahorais posent à la communauté nationale, en la regardant droit dans les yeux.

La survie de Mayotte en tant que partie intégrante de la République est liée à la suppression du droit du sol et à la fin du titre de séjour territorialisé. Ce n'est même pas un sujet de querelle idéologique, mais une nécessité vitale fondée sur le constat d'une réalité amère sur une petite île prise d'assaut par des migrants comoriens, malgaches et des pays d'Afrique des Grands Lacs désireux d'arriver sur le sol de l'Hexagone en passant par Mayotte et d'acquérir la nationalité française par les procédés les plus illégaux. Par pure bien-pensance et par manque de courage face à un enjeu de cette importance – l'appartenance à la France et donc la redéfinition du contour et de la matérialité de ses frontières –, la République va-t-elle continuer à fermer un peu trop facilement les yeux sur le détournement et la violation de sa législation et de sa réglementation, dans la « *bienveillance bienfaitrice* » et dans la « *magnanimité généreuse* » ?

Il appartient donc aux parlementaires français, ces élus de la nation, de dire clairement aux Mahorais, les yeux dans les yeux, s'ils veulent la suppression du sol à Mayotte pour qu'ils puissent continuer à les compter parmi les membres de la communauté nationale ou s'ils comptent céder cette île à un pays étranger, les Comores. Mais si les parlementaires, ces élus de la nation, font le choix de regarder ailleurs alors que le feu sur la maison commune a été allumé à Mayotte, il sera bien trop tard pour éteindre l'incendie, et il sera impossible de réparer ses graves dommages par de tardives larmes. Le feu migratoire et de détournement du droit du sol allumé à Mayotte ne s'arrêtera jamais sur cette île…

Structures éditoriales du groupe L'Harmattan

L'Harmattan Italie
Via degli Artisti, 15
10124 Torino
harmattan.italia@gmail.com

L'Harmattan Hongrie
Kossuth l. u. 14-16.
1053 Budapest
harmattan@harmattan.hu

L'Harmattan Sénégal
10 VDN en face Mermoz
BP 45034 Dakar-Fann
senharmattan@gmail.com

L'Harmattan Cameroun
TSINGA/FECAFOOT
BP 11486 Yaoundé
inkoukam@gmail.com

L'Harmattan Burkina Faso
Achille Somé – tengnule@hotmail.fr

L'Harmattan Guinée
Almamya, rue KA 028 OKB Agency
BP 3470 Conakry
harmattanguinee@yahoo.fr

L'Harmattan RDC
185, avenue Nyangwe
Commune de Lingwala – Kinshasa
matangilamusadila@yahoo.fr

L'Harmattan Congo
219, avenue Nelson Mandela
BP 2874 Brazzaville
harmattan.congo@yahoo.fr

L'Harmattan Mali
ACI 2000 - Immeuble Mgr Jean Marie Cisse
Bureau 10
BP 145 Bamako-Mali
mali@harmattan.fr

L'Harmattan Togo
Djidjole – Lomé
Maison Amela
face EPP BATOME
ddamela@aol.com

L'Harmattan Côte d'Ivoire
Résidence Karl – Cité des Arts
Abidjan-Cocody
03 BP 1588 Abidjan
espace_harmattan.ci@hotmail.fr

Nos librairies en France

Librairie internationale
16, rue des Écoles
75005 Paris
librairie.internationale@harmattan.fr
01 40 46 79 11
www.librairieharmattan.com

Librairie des savoirs
21, rue des Écoles
75005 Paris
librairie.sh@harmattan.fr
01 46 34 13 71
www.librairieharmattansh.com

Librairie Le Lucernaire
53, rue Notre-Dame-des-Champs
75006 Paris
librairie@lucernaire.fr
01 42 22 67 13

www.ingramcontent.com/pod-product-compliance
Lightning Source LLC
LaVergne TN
LVHW010921061026
849535LV00007B/2165
* 9 7 8 2 3 3 6 4 7 5 2 1 9 *